국선변호인(國選辯護人)

나는 하나님의 꾀쟁이다

목사 **김치훈**의

Holy
Meditation
Time

 도서출판 생명

국선변호인(國選辯護人)

나는 하나님의 괴짜이다

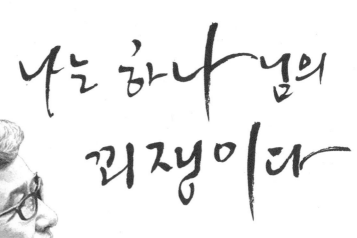

목사 **김치훈**의

Holy
Meditation
Time

책
을

펴
내
며

My life story

나는 죄인이었다.
윤리적이고 도덕적 삶을 살았던 죄인이었다.

나는 의인이다.
부도덕하고 비윤리적인 삶을 사는 의인이다.
(누군가의 기준에서 볼 때 그렇다.)

나는 증인이다.
이런 역설적이며, 비논리적인illogical 사실에 대한 증인證人이다.
오직 하나님의 복음 되신 그리스도가 내 삶의 기준이기 때문이다.

이 책을 펴내게 된 모든 동기는 내 생명의 주인이신 그리스도가 모든 것의
기준이라는 사실을 알리기 위해서이다. 내가 한 수고는 그저 하나님께
집중하는 시간에 깨닫게 하신 은혜를 글로 표현하여 보관해 두었다는 것
외에는 없다.
이 책을 내면서 지난 30여 년간 하나님의 은혜의 눈으로 부족한 종을
지켜보며 기도해주신 원네스교회 성도들에게 고마움을 전한다.
미국에서 237나라 복음화의 꿈을 꾸고 있는 손주 루카스 하움 킴Lucas
Haum Kim, 그 꿈을 키우는 사위 김진태 장로와 사랑하는 딸 헵시바 그리고
아내와 아버지를 이어 전도자의 길에 선 다니엘 전도사에게 이 책을
선물한다.

주후 2019년 5월 덕산 감람원에서

추
천
사

성경을 해석하고 설명하는 목사와 신학자는 많이 있었다.

그러나 법적 용어로 그리스도를 설명한 목사와 신학자는 별로 없다.

아마도 '국선 변호인'이란 설명을 한 최초의 신학자와 목사인 것 같다.

사단은 우리의 죄를 찾아 압박하고 송사를 벌이는 존재다. 욥 1:6,9

그리스도는 무료-은혜-로 우리 죄를 변호 하셨고 우리 죄를 담당하셨다.

이 보다 더 큰 축복은 없다. 세상에서 가장 기쁜 뉴스-소식-이다.

김치훈 목사는 평소에 말이 없으나 한 번씩 우리를 미소 짓게 하고 가슴에 남는 말을 하는 목사다. 전도의 흐름을 잘 알고 있는 전도자다.

시간이 갈수록 나에게는 가장 편한 전도제자요, 안 보이면 찾게 되는 사랑하는 제자이다.

앞으로 남은 30년에 원네스 교회는 237 나라를 원네스 할 것이요.

렘넌트의 발판이 될 것이요. 전도자들과 원네스 할 것을 확신합니다.

사단법인 세계복음화 전도협회 이사장
임마누엘 서울교회 당회장

목 사 류 광 수

추
천
사

김치훈 목사의 그리스도 중심적 시편 묵상은
자기중심, 물질 중심, 세상 성공 중심이라는 옛 틀에서 벗어나
오직 그리스도, 오직 하나님의 나라, 오직 성령 충만의
새 틀 인생으로 변화시키는 강력한 힘이 있습니다.
새로운 각인, 뿌리, 체질화를 향해 Let s go!

세계복음화전도협회장
예원교회 담임목사 정 은 주

김 치 훈 목사
그는 결코 달변達辯도 다변多辯도 아니다.
오히려 눌변訥辯에 가깝다.
그는 있는데도 못 보는 결핍의 마음을 적은 말수로 보게 하여
풍요롭게 하는 메시지의 힘을 가졌다.
그는 촌철살인寸鐵殺人의 메신저이다.
그가 현실을 성경, 시편으로 진단하고
복음, 그리스도로 답을 주는 깊은 메시지로 세상을 깨운다.

세계복음화전도협회 행정실장
포항영광교회 담임목사 이 상 배

진리의 길을 따라 언약의 여정을 함께 걸어가는 목사 김치훈은
같은 길을 걷는 동역자이자 나의 멋진 친구다.
혼돈의 시대에 복음의 질서를 세우고 어둠의 시대에
그리스도의 등불을 밝히는 최고의 전도제자로서 그는 낭만을 아는
멋쟁이 다윗이고 하나님을 웃게하는 꾀쟁이 야곱이며
순수한 마음으로 미래를 꿈꾸는 꿈쟁이 요셉이다.
그래서 나는 그의 친구인 것이 행복하다.
출간을 기념하며 2019 초하에

서울 예수사랑교회
담임목사 김 서 권

묵
상

시편 62:5
나의 영혼아 잠잠히 하나님만 바라라
무릇 나의 소망이 그로부터 나오는도다

신앙생활에는 많은 훈련과 체험이 필요하다.

내 영혼이 하나님만 바라보는 묵상 훈련이다.

하나님의 약속이 삶의 방법으로 바뀌는 훈련이다.

응답이 그리스도, 하나님 나라의 일,

성령 충만과 증인으로 바뀌는 체험이다.

참 치유를 체험하고 치유하는 서밋Summit의 자리에 서는 것이다.

신앙생활의 목적은 개인 성공에 있는 것이 아니다.

하나님 언약의 흐름을 따라 언약 성취의 자리에 서는 것이다.

오직 그만이 나의 반석이시오 나의 구원이시오 나의 요새이시니
내가 흔들리지 아니하리로다
나의 구원과 영광이 하나님께 있음이여
내 힘의 반석과 피난처도 하나님께 있도다
시편 62:6~7

목
차

목

차

Chapter 1

나는 하나님의 꾀쟁이다

거룩한 씨가 이 땅의 그루터기니라 사 6:13

Holy Meditation Time 시편 62:5~7

시편 1:1~6
Best or Only one

세상은 베스트best를 쫓는다.

베스트가 되기 위해서 악인들의 꾀를 따른다.

베스트가 되기 위해서 죄인들의 길을 선택한다.

베스트가 되기 위해서 오만한 자들의 자리에 앉는다. 시 1:1

이 꾀를 따르고 이 길을 선택하고 이 자리에 앉으면 베스트가 된다.

사단은 이 속임수를 이용하여 각 분야에 베스트를 만든다.

베스트는 온 천하天下를 움직이는 사단의 꾀이다. 계 12:9

베스트를 목적으로 삼은 자는 변화를 이기지 못한다. 시 1:4

그들은 시험을 견디지 못하며 그 길의 끝은 망함이다. 시 1:5~6

사단의 꾀를 이기는 하나님의 방법이 온리 원Only one이다. 시 1:2

여호와 하나님의 온리 원은 말씀의 실체이신 그리스도이시다.

온리 원으로 시작한 자는 모든 일에 형통한 자가 된다. 시 1:3

온리 원으로 시작한 자의 길은 여호와께서 인정하시는 길이다. 시 1:6

Always start only one!

시 1:1~6

1 복 있는 사람은 악인들의 꾀를 따르지 아니하며 죄인들의 길에 서지 아니하며 오만한
  자들의 자리에 앉지 아니하고

2 오직 여호와의 율법을 즐거워하여 그의 율법을 주야로 묵상하는 도다

3 그는 시냇가에 심은 나무가 철을 따라 열매를 맺으며 그 잎사귀가 마르지 아니함
  같으니 그가 하는 모든 일이 다 형통하리로다

4 악인들은 그렇지 아니함이여 오직 바람에 나는 겨와 같도다

5 그러므로 악인들은 심판을 견디지 못하며 죄인들이 의인들의 모임에 들지 못하리로다.

6 무릇 의인들의 길은 여호와께서 인정하시나 악인들의 길은 망하리로다

계 12:9

큰 용이 내쫓기니 옛 뱀 곧 마귀라고도 하고 사탄이라고도 하며 온 천하를 꾀는 자라
그가 땅으로 내쫓기니 그의 사자들도 그와 함께 내쫓기니라

나는 하나님의 꾀쟁이다 시편 1:1∼6

> 시편 1:1∼2
> ¹복 있는 사람은 악인들의 꾀를 따르지 아니하며 죄인들의 길에 서지 아니하며 오만한 자들의 자리에 앉지 아니하고 ²오직 여호와의 율법을 즐거워하여 그의 율법을 주야로 묵상하는도다

성경은 '사단satan은 꾀가 있다'라고 한다. 계 12:9

그래서 성경은 '복(복음) 있는 사람은 악인들의 꾀를 따르지 아니하며'라고 한다. 시 1:1.

다윗은 사단의 꾀trick를 알았다.

그리고 그것을 이기는 비밀을 가졌다.

그 비밀은 하나님의 말씀을 즐거워하여 깊이 묵상하는 것이다. 시 1:2

그 말씀의 실체가 예수 그리스도이시다.

그 안에는 지혜와 지식의 모든 보화가 감추어져 있다. 골 2:2∼4

사탄을 이기는 나의 꾀는 오직 그리스도이다.

나의 길은 오직 복음의 말씀이다.

나의 자리는 오직 복음의 기도와 복음의 증인인 전도이다.

이 비밀을 가진 나는 하나님의 꾀쟁이다.

꾀 trick
일을 잘 꾸며내거나 해결해나가는 기묘한 생각이나 수단을 가진 사람을 꾀가 많은 사람이라고 한다.

시 1:1~6

1 복 있는 사람은 악인들의 꾀를 따르지 아니하며 죄인들의 길에 서지 아니하며 오만한 자들의 자리에 앉지 아니하고

2 오직 여호와의 율법을 즐거워하여 그의 율법을 주야로 묵상하는도다

3 그는 시냇가에 심은 나무가 철을 따라 열매를 맺으며 그 잎사귀가 마르지 아니함 같으니 그가 하는 모든 일이 다 형통하리로다

4 악인들은 그렇지 아니함이여 오직 바람에 나는 겨와 같도다

5 그러므로 악인들은 심판을 견디지 못하며 죄인들이 의인들의 모임에 들지 못하리로다

6 무릇 의인들의 길은 여호와께서 인정하시나 악인들의 길은 망하리로다

계 12:9

큰 용이 내쫓기니 옛 뱀 곧 마귀라고도 하고 사탄이라고도 하며 온 천하를 꾀는 자라 그가 땅으로 내쫓기니 그의 사자들도 그와 함께 내쫓기니라

골 2:2~4

2 이는 그들로 마음에 위안을 받고 사랑 안에서 연합하여 확실한 이해의 모든 풍성함과 하나님의 비밀인 그리스도를 깨닫게 하려 함이니

3 그 안에는 지혜와 지식의 모든 보화가 감추어져 있느니라

4 내가 이것을 말함은 아무도 교묘한 말로 너희를 속이지 못하게 하려 함이니

I am a kisser 시편 2:10~12

> 시편 2:12
> 그의 아들에게 입 맞추라 그렇지 아니하면 진노하심으로 너희가 길에서 망하리니 그의 진노가 급하심이라 여호와께 피하는 모든 사람은 다 복이 있도다

'58시간 35분 58초.'

태국인 커플이 2013년에 기록한 가장 오랫동안 키스한 시간이다.

매년 여러 커플들이 이 기록에 도전하지만 아직까지 깨지 못하고 있다.

그의 아들에게 입 맞추라. 시 2:12

그의 아들과 입 맞추면 세상의 군왕들과 재판관들도 모르는 지혜와 교훈을 얻는다. 시 2:10

그의 아들과 입 맞추면 하나님의 진노와 멸망에서 구원을 얻는다. 시 2:12

그의 아들과 입 맞추는 자들은 복이 있는 자들이다. 시 2:12

나는 그의 아들 그리스도와 24 이어야 살아갈 수 있다.

그의 아들과 24, 입 맞추어야 살 수 있는 나는 키스쟁이다.

I am a kisser!

시 2:10~12

10 그런즉 군왕들아 너희는 지혜를 얻으며 세상의 재판관들아 너희는 교훈을 받을지어다

11 여호와를 경외함으로 섬기고 떨며 즐거워할지어다

12 그의 아들에게 입 맞추라 그렇지 아니하면 진노하심으로 너희가 길에서 망하리니
그의 진노가 급하심이라 여호와께 피하는 모든 사람은 다 복이 있도다

복권 復權 | reinstatement

> 시편 3:3
> 여호와여 주는 나의 방패시요 나의 영광이시요 나의 머리를 드시는 자이시니이다

여호와 하나님은 나의 권리를 복권復權시키는 분이시다.

여호와 하나님이 나를 복권시키시는 조건은 간단하다. 오직 그리스도를

알고 믿으면 된다. 시 3:4~8

그리스도의 유일성을 알고 믿는 나는 모든 능력과 영광이 복권된 자이다.

시 3:3

복권
법률상 일정한 자격이나 권리를 한번 상실한 사람이 이를 다시 찾는다는 법적 용어이다.

시 3:1~8

1 여호와여 나의 대적이 어찌 그리 많은지요 일어나 나를 치는 자가 많으니이다
2 많은 사람이 나를 대적하여 말하기를 그는 하나님께 구원을 받지 못한다 하나이다
   (셀라)
3 여호와여 주는 나의 방패시요 나의 영광이시요 나의 머리를 드시는 자이시니이다
4 내가 나의 목소리로 여호와께 부르짖으니 그의 성산에서 응답하시는도다 (셀라)
5 내가 누워 자고 깨었으니 여호와께서 나를 붙드심이로다
6 천만인이 나를 에워싸 진 친다 하여도 나는 두려워하지 아니하리이다
7 여호와여 일어나소서 나의 하나님이여 나를 구원하소서
   주께서 나의 모든 원수의 뺨을 치시며 악인의 이를 꺾으셨나이다
8 구원은 여호와께 있사오니 주의 복을 주의 백성에게 내리소서 (셀라)

일사부재리원칙 —事不再理原則 | 시편 4:1～5

하나님이 그리스도 예수 안에서 나를 의롭다 선언(宣言)하셨다. 시 4:1, 롬 3:24

누구도, 어떤 경우도 한 번 확정된 판결에 대하여 이의를 제기할 수 없다.

시 4:2～4, 롬 8:33～34

범사에 내가 해야 할 수고는 오직 하나뿐이다.

의의 제사를 드리고 여호와를 의지하는 것이다. 시 4:5

주께서 내 마음에 두신 기쁨은 그들의 곡식과 새 포도주가 풍성할 때보다

더하니이다.

내가 평안히 눕고 자기도 하리니 나를 안전히 살게 하시는 이는 오직 여호와

이시니이다. 시 4:7～8

하나님 앞에 절대적 나의 의는 그리스도 예수이다.

일사부재리원칙 —事不再理原則
형사 소송법에 한번 판결이 난 사건에 대해서는 다시 공소를 제기할 수 없다는 것을 말한다.

시 4:1~5

1 내 의의 하나님이여 내가 부를 때에 응답하소서 곤란 중에 나를 너그럽게 하셨사오니 내게 은혜를 베푸사 나의 기도를 들으소서

2 인생들아 어느 때까지 나의 영광을 바꾸어 욕되게 하며 헛된 일을 좋아하고 거짓을 구하려는가 (셀라)

3 여호와께서 자기를 위하여 경건한 자를 택하신 줄 너희가 알지어다 내가 그를 부를 때에 여호와께서 들으시리로다

4 너희는 떨며 범죄하지 말지어다 자리에 누워 심중에 말하고 잠잠할지어다 (셀라)

5 의의 제사를 드리고 여호와를 의지할지어다

시 4:7~8

7 주께서 내 마음에 두신 기쁨은 그들의 곡식과 새 포도주가 풍성할 때보다 더하니이다

8 내가 평안히 눕고 자기도 하리니 나를 안전히 살게 하시는 이는 오직 여호와이시니이다

롬 3:24

그리스도 예수 안에 있는 속량으로 말미암아 하나님의 은혜로 값 없이 의롭다 하심을 얻은 자 되었느니라

롬 8:33~34

33 누가 능히 하나님께서 택하신 자들을 고발하리요 의롭다 하신 이는 하나님이시니

34 누가 정죄하리요 죽으실 뿐 아니라 다시 살아나신 이는 그리스도 예수시니 그는 하나님 우편에 계신 자요 우리를 위하여 간구하시는 자시니라

원인 _{原因} | 시편 5:1~3

> 시편 5:1
> 여호와여 나의 말에 귀를 기울이사 나의 심정을 헤아려 주소서

나는 주님께 나의 말과 심정을 헤아려달라고 할 수 있는 용기勇氣가 있다.

시 5:1

나는 주님께 내가 부르짖는 소리를 들어달라고 할 수 있는 용기가 있다.

시 5:2

나는 주님께 무엇이든지 기도할 수 있는 용기가 있다. 시 5:3

내 용기의 원인原因은 하나님의 의義가 되시는 그리스도이다. 시 5:8, 12

원인
어떤 상태를 변화시키거나 사건을 일으키는 근본이 되는 것

시 5:1~3, 8, 12

1 여호와여 나의 말에 귀를 기울이사 나의 심정을 헤아려 주소서

2 나의 왕, 나의 하나님이여 내가 부르짖는 소리를 들으소서 내가 주께 기도하나이다

3 여호와여 아침에 주께서 나의 소리를 들으시리니 아침에 내가 주께 기도하고 바라리이다

8 여호와여 나의 원수들로 말미암아 주의 의로 나를 인도하시고 주의 길을 내 목전에 곧게 하소서

12 여호와여 주는 의인에게 복을 주시고 방패로 함 같이 은혜로 그를 호위하시리이다

반전 反轉, reverse | 시편 6:1~10

시편 6:1~7에서 갑甲은 악을 행하는 대적자들이라 할 수 있다.

을乙은 의인이라 할 수 있다.

을의 위치는 책망, 징계, 수척, 떨림, 사망, 탄식, 스올, 피곤, 눈물, 근심,

쇠약, 어두움이다. 시 6:1~7

그런데 갑자기 갑과 을의 자리가 바뀐다.

갑의 위치가 부끄러움, 심히 떨림, 스스로 물러감이 된다. 시 6:10

완전한 반전이다.

반전의 자리에는 내 울음소리와 내 간구와 내 기도가 있다. 시 6:8~9

내 울음소리와 내 간구와 내 기도는 오직 그리스도에게서 모든 것을 찾는

시간이다.

반전 反轉
방향과 순서 갑甲을乙의 위치 따위가 갑자기 반대로 바뀌는 경우를 말한다.

시 6:1~10

1 여호와여 주의 분노로 나를 책망하지 마시오며 주의 진노로 나를 징계하지 마옵소서

2 여호와여 내가 수척하였사오니 내게 은혜를 베푸소서 여호와여 나의 뼈가 떨리오니 나를 고치소서

3 나의 영혼도 매우 떨리나이다 여호와여 어느 때까지니이까

4 여호와여 돌아와 나의 영혼을 건지시며 주의 사랑으로 나를 구원하소서

5 사망 중에서는 주를 기억하는 일이 없사오니 스올에서 주께 감사할 자 누구리이까

6 내가 탄식함으로 피곤하여 밤마다 눈물로 내 침상을 띄우며 내 요를 적시나이다

7 내 눈이 근심으로 말미암아 쇠하며 내 모든 대적으로 말미암아 어두워졌나이다

8 악을 행하는 너희는 다 나를 떠나라 여호와께서 내 울음소리를 들으셨도다

9 여호와께서 내 간구를 들으셨음이여 여호와께서 내 기도를 받으시리로다

10 내 모든 원수들이 부끄러움을 당하고 심히 떨이여 갑자기 부끄러워 물러가리로다

무죄 無罪 | 시편 7:8

1988년 10월, 대한민국은 '서울 올림픽 4위'라는 감흥에 빠져있었다.
바로 그때 징역 7년, 보호감호 10년형을 받아 복역 중인 지강혁과 죄수
들이 호송차를 전복, 탈주하는 일이 일어났다. 권총으로 무장한 그들은
원정 강도와 가정집을 돌며 인질극을 벌이는 등 서울을 공포의 도가니로
몰아넣었다.
결국 그들은 탈주 9일째 북가좌동 가정집에서 경찰과 대치극을 펼치게
된다. 최후의 수간, 록밴드 Bee Gees의 'Holiday'가 울려 퍼지는 가운데
지강혁은 경찰과 매스컴을 향해 외친다.
유전무죄有錢無罪 무전유죄無錢有罪 - 돈이 있으면 죄가 없고, 돈이 없으면
죄가 된다. 지강혁은 그 일당과 마지막 선택을 하고 만다.

다윗은 자신의 무죄無罪를 주장한다. 시 7:1~5
죄를 심판하시는 재판장이 자신의 의義가 되시는 하나님이시기 때문이다.
시 7:8

유전무죄 무전유죄 有錢無罪 無錢有罪
죄를 범해도 돈이 있을 경우 무죄로 풀려지만 돈이 없을 경우 유죄로 처벌을 받는다는 의미에서 만들
어진 말이다.

내 양심으로 판단하면 분명히 죄인데 하나님의 법으로는 아니다. 롬 8:1~2
유의무죄有義無罪 무의유죄無義有罪이다.

하나님의 의義이신 그리스도를 가진 자는 무죄無罪이지만, 하나님의 의義
되신 그리스도가 없는 자는 유죄有罪이다.

내가 여호와께 그의 의를 따라 감사함이여 지존하신 여호와의 이름을
찬양하리로다. 시 7:17

시 6:1~10

1 여호와 내 하나님이여 내가 주께 피하오니 나를 쫓아오는 모든 자들에게서 나를 구원
   하소서
2 건져낼 자가 없으면 그들이 사자 같이 나를 찢고 뜯을까 하나이다
3 여호와 내 하나님이여 내가 이런 일을 행하였거나 내 손에 죄악이 있거나
4 화친한 자를 악으로 갚았거나 내 대적에게서 까닭 없이 빼앗았거든
5 원수가 나의 영혼을 쫓아 잡아 내 생명을 땅에 짓밟게 하고 내 영광을 먼지 속에 살게하
   소서 (셀라)
7 민족들의 모임이 주를 두르게 하시고 그 위 높은 자리에 돌아오소서
8 여호와께서 만민에게 심판을 행하시오니 여호와여 나의 의와 나의 성실함을 따라 나를
   심판하소서
17 내가 여호와께 그의 의를 따라 감사함이여 지존하신 여호와의 이름을 찬양하리로다

히든카드 Hidden card | 시편 8:2

> 시편 8:2
> 주의 대적으로 말미암아 어린 아이들과 젖먹이들의 입으로 권능을 세우심이여
> 이는 원수들과 보복자들을 잠잠하게 하려 하심이니다

솔로몬은 3천여 개의 잠언과 1천5백여 개의 노래를 지었고, 식물학과
생물, 천문학을 두루 논할 만큼 지혜로웠으나 세상(사단의 꾀)을 이기지는
못했다.

하나님은 어린아이와 젖먹이에게 권능을 주셔서 원수와 보복자들을 이기게
하시고 그들을 잠잠케 하시겠다고 하신다. 시 8:2

어린 아이와 젖먹이는 세상 지식과 지혜의 한계를 알고 하나님의 지식과
지혜되신 그리스도를 따르는 자이다. 고전 1:26~31

어린 아이와 젖먹이는 하나님이 남겨놓은 자, 그루터기이다.

하나님은 어린 아이와 젖먹이들을 영적 서밋, 기능 서밋, 문화 서밋으로
세우신다. 시 8:3, 4~8

어린 아이와 젖먹이는 하나님의 비책祕策, 히든카드Hidden card이다. 시 8:3~8

히든카드 Hidden card
상대방에게 보여주지 않는 카드라는 뜻으로 상대방이 예측하지 못하도록
숨겨진 비장한 수를 말할 때 쓰는 표현이다.

시 8:2~8

2 주의 대적으로 말미암아 어린아이들과 젖먹이들의 입으로 권능을 세우심이여 이는 원수들과 보복자들을 잠잠하게 하려 하심이니이다

3 주의 손가락으로 만드신 주의 하늘과 주께서 베풀어 두신 달과 별들을 내가 보오니

4 사람이 무엇이기에 주께서 그를 생각하시며 인자가 무엇이기에 주께서 그를 돌보시나이까

5 그를 하나님보다 조금 못하게 하시고 영화와 존귀로 관을 씌우셨나이다

6 주의 손으로 만드신 것을 다스리게 하시고 만물을 그의 발 아래 두셨으니

7 곧 모든 소와 양과 들짐승이며

8 공중의 새와 바다의 물고기와 바닷길에 다니는 것이니이다

고전 1:26~31

26 형제들아 너희를 부르심을 보라 육체를 따라 지혜로운 자가 많지 아니하며 능한 자가 많지 아니하며 문벌 좋은 자가 많지 아니하도다

27 그러나 하나님께서 세상의 미련한 것들을 택하사 지혜 있는 자들을 부끄럽게 하려 하시고 세상의 약한 것들을 택하사 강한 것들을 부끄럽게 하려 하시며

28 하나님께서 세상의 천한 것들과 멸시받는 것들과 없는 것들을 택하사 있는 것들을 폐하려 하시나니

29 이는 아무 육체도 하나님 앞에서 자랑하지 못하게 하려 하심이라

30 너희는 하나님으로부터 나서 그리스도 예수 안에 있고 예수는 하나님으로부터 나와서 우리에게 지혜와 의로움과 거룩함과 구원함이 되셨으니

31 기록된 바 자랑하는 자는 주 안에서 자랑하라 함과 같게 하려 함이라

재판 裁判 | 시편 9:4

시편 9:4
주께서 나의 의와 송사를 변호하셨으며 보좌에 앉으사 의롭게 심판하셨나이다

나는 주의 재판을 날마다 기다린다.

내가 흉악한 범죄자일지라도 그렇다.

주의 심판(재판)은 악인은 멸하시고 주의 이름을 아는 의인은 일으켜

세우시기 때문이다. 시 9:4~8, 10

"그러므로 내 평생에 진심으로 여호와께 감사하오며 주의 모든 기이한

일들을 전하리이다." 시 9:1

나는 모든 일에 주의 재판을 기다리며, 판결하심을 사모한다.

재판 裁判
구체적인 소송 사건을 해결하기 위해서 법원 또는 법관이 판결을 내리는 일.
소송의 목적目的이 되는 사실에 따라서 민사, 형사, 행정 재판이 있으며
그 형식에 따라서 판결, 결정, 명령을 한다.

시 9:1, 4~8, 10

1 내가 전심으로 여호와께 감사하오며 주의 모든 기이한 일들을 전하리이다
4 주께서 나의 의와 송사를 변호하셨으며 보좌에 앉으사 의롭게 심판하셨나이다
5 이방 나라들을 책망하시고 악인을 멸하시며 그들의 이름을 영원히 지우셨나이다
6 원수가 끊어져 영원히 멸망하였사오니 주께서 무너뜨린 성읍들을 기억할 수 없나이다
7 여호와께서 영원히 앉으심이여 심판을 위하여 보좌를 준비하셨도다
8 공의로 세계를 심판하심이여 정직으로 만민에게 판결을 내리시리로다
10 여호와여 주의 이름을 아는 자는 주를 의지하오리니 이는 주를 찾는 자들을 버리지
   아니하심이니이다

사상 思想, idea | 시편 10:4~16

시편 10:16
여호와께서는 영원무궁하도록 왕이시니 이방 나라들이 주의 땅에서 멸망하였나이다

나
는
하
나
님
의
꾀
쟁
이
다

악인은 모든 사상에 하나님이 없다고 한다. 시 10:4

의인은 모든 사상에 주님이 영원한 왕이시다. 시 10:16

The Lord is always the king.

4 악인은 그의 교만한 얼굴로 말하기를 여호와께서 이를 감찰하지 아니하신다 하며 그의 모든 사상에 하나님이 없다 하나이다

5 그의 길은 언제든지 견고하고 주의 심판은 높아서 그에게 미치지 못하오니 그는 그의 모든 대적들을 멸시하며

6 그의 마음에 이르기를 나는 흔들리지 아니하며 대대로 환난을 당하지 아니하리라 하나이다

7 그의 입에는 저주와 거짓과 포악이 충만하며 그의 혀 밑에는 잔해와 죄악이 있나이다

8 그가 마을 구석진 곳에 앉으며 그 은밀한 곳에서 무죄한 자를 죽이며 그의 눈은 가련한 자를 엿보나이다

9 사자가 자기의 굴에 엎드림 같이 그가 은밀한 곳에 엎드려 가련한 자를 잡으려고 기다리며 자기 그물을 끌어당겨 가련한 자를 잡나이다

10 그가 구푸려 엎드리니 그의 포악으로 말미암아 가련한 자들이 넘어지나이다

11 그가 그의 마음에 이르기를 하나님이 잊으셨고 그의 얼굴을 가리셨으니 영원히 보지 아니하시리라 하나이다

12 여호와여 일어나옵소서 하나님이여 손을 드옵소서 가난한 자들을 잊지 마옵소서

13 어찌하여 악인이 하나님을 멸시하여 그의 마음에 이르기를 주는 감찰하지 아니하리라 하나이까

14 주께서는 보셨나이다 주는 재앙과 원한을 감찰하시고 주의 손으로 갚으려 하시오니 외로운 자가 주를 의지하나이다 주는 벌써부터 고아를 도우시는 이시니이다

15 악인의 팔을 꺾으소서 악한 자의 악을 더 이상 찾아낼 수 없을 때까지 찾으소서

16 여호와께서는 영원무궁하도록 왕이시니 이방 나라들이 주의 땅에서 멸망하였나이다

상면 Face to face | 시편 11:7

시편 11:7
여호와는 의로우사 의로운 일을 좋아하시나니 정직한 자는 그의 얼굴을 뵈오리로다

상면은 얼굴을 서로 마주 본다는 뜻이다.

어린 아이에게 가장 힘 있는 시간은 부모님과 마주하고 있을 때이다.

하나님과 상면相面하는 자를 건드릴 자가 없다.

하나님과 상면하는 자를 이길 자가 없다.

하나님의 의가 되시는 그리스도로 인하여 하나님과 상면하는 나는 정직한
자이다.

나는 절대자를 날마다 대면하는 제2인자이다.

I am number 2.

בראשית ברא אלהים את השמים ואת הארץ

말과 말씀 시편 12:6

> **시편 12:6**
> 여호와의 말씀은 순결함이여 흙 도가니에 일곱 번 단련한 은 같도다

사람의 말과 하나님의 말씀은 그 능력이 다르다.

사람의 말은 아무리 정확하고 아름다운 말이라도 사람을 치유하거나

살릴 수 없다. 시 12:2~4

하나님의 말씀은 완전하여 사람을 치유하고 살린다. 시 12:5~6

하나님의 말씀이 집중되는 묵상의 시간에 영혼과 마음과 생각, 몸이 치유

되고 살아난다. 히 4:12

그 말씀의 실체가 예수 그리스도이기 때문이다.

시 12:2~6

2 그들이 이웃에게 각기 거짓을 말함이여 아첨하는 입술과 두 마음으로 말하는도다
3 여호와께서 모든 아첨하는 입술과 자랑하는 혀를 끊으시리니
4 그들이 말하기를 우리의 혀가 이기리라 우리 입술은 우리 것이니 우리를 주관할 자 누구리요 함이로다
5 여호와의 말씀에 가련한 자들의 눌림과 궁핍한 자들의 탄식으로 말미암아 내가 이제 일어나 그를 그가 원하는 안전한 지대에 두리라 하시도다
6 여호와의 말씀은 순결함이여 흙 도가니에 일곱 번 단련한 은 같도다

히 4:12

하나님의 말씀은 살아 있고 활력이 있어 좌우에 날선 어떤 검보다도 예리하여 혼과 영과 및 관절과 골수를 찔러 쪼개기까지 하며 또 마음의 생각과 뜻을 판단하나니

응답應答의 시간표 시편 13:1~6

시편 13:6
내가 여호와를 찬송하리니 이는 주께서 내게 은덕을 베푸심이로다

응답은 사건의 종결이나 환경의 변화에 있는 것이 아니다. 시 13:1~2

사건과 환경 속에서 그리스도를 통해 이미 주신 축복을 발견하고 누리는

것이다. 시 13:3~4

그 속에서 주의 사랑과 구원과 주의 은덕恩德을 누림이 응답의 시간표이다.

시 13:5~6

모든 사건의 종결은 문제 해결에 있는 것이 아니다.

그 사건에 대한 하나님의 메시지를 찾는 것이다.

시 13:1~6

1 여호와여 어느 때까지니이까 나를 영원히 잊으시나이까 주의 얼굴을 나에게서 어느 때까지 숨기시겠나이까

2 나의 영혼이 번민하고 종일토록 마음에 근심하기를 어느 때까지 하오며 내 원수가 나를 치며 자랑하기를 어느 때까지 하리이까

3 여호와 내 하나님이여 나를 생각하사 응답하시고 나의 눈을 밝히소서 두렵건대 내가 사망의 잠을 잘까 하오며

4 두렵건대 나의 원수가 이르기를 내가 그를 이겼다 할까 하오며 내가 흔들릴 때에 나의 대적들이 기뻐할까 하나이다

5 나는 오직 주의 사랑을 의지하였사오니 나의 마음은 주의 구원을 기뻐하리이다

6 내가 여호와를 찬송하리니 이는 주께서 내게 은덕을 베푸심이로다

Where is God? 시편 14:5~7

시편 14:5
그러나 거기서 그들은 두려워하고 두려워하였으니
하나님이 의인의 세대에 계심이로다

자기중심으로 하나님을 찾는 어리석은 자는 하나님이 없다고 한다. 시 14:1

하나님은 어디에 계시는가?(Where is God?)

근본적으로 계신다. 시 14:2

그리스도 안에 계신다. 시 14:5

하나님은 당신의 시간표 속에 계신다. 시 14:6~7

시 14:1~2, 5~7

1 어리석은 자는 그의 마음에 이르기를 하나님이 없다 하는도다 그들은 부패하고 그 행실이 가증하니 선을 행하는 자가 없도다

2 여호와께서 하늘에서 인생을 굽어살피사 지각이 있어 하나님을 찾는 자가 있는가 보려 하신즉

5 그러나 거기서 그들은 두려워하고 두려워하였으니 하나님이 의인의 세대에 계심이로다

6 너희가 가난한 자의 계획을 부끄럽게 하나 오직 여호와는 그의 피난처가 되시도다

7 이스라엘의 구원이 시온에서 나오기를 원하도다 여호와께서 그의 백성을 포로된 곳에서 돌이키실 때에 야곱이 즐거워하고 이스라엘이 기뻐하리로다

지속 持續 | 시편 15:1~5

시편 15:5
이자를 받으려고 돈을 꾸어 주지 아니하며 뇌물을 받고 무죄한 자를 해하지 아니하는
자이니 이런 일을 행하는 자는 영원히 흔들리지 아니하리이다

기준이 바뀌면 상태에도 변화가 온다.

나의 기준은 항상 복음福音이다. 시 15:2~5

나는 오직 복음만 필요한 자이다. 롬 3:19~26

나는 복음으로 결론 난 자이다. 요 19:30

나는 복음이 방법이다. 빌 3:7~8

나는 복음의 증인이다. 행 1:8, 엡 2:10

나는 복음을 위하여 고난도 받는 자이다. 빌 1:29

나의 결과는 상황이 아니다.

나의 결과는 목적目的, 즉 복음 지속이다.

시 15:1~5

1 여호와여 주의 장막에 머무를 자 누구오며 주의 성산에 사는 자 누구오니이까

2 정직하게 행하며 공의를 실천하며 그의 마음에 진실을 말하며

3 그의 혀로 남을 허물하지 아니하고 그의 이웃에게 악을 행하지 아니하며 그의 이웃을
  비방하지 아니하며

4 그의 눈은 망령된 자를 멸시하며 여호와를 두려워하는 자들을 존대하며 그의 마음에
  서원한 것은 해로울지라도 변하지 아니하며

5 이자를 받으려고 돈을 꾸어 주지 아니하며 뇌물을 받고 무죄한 자를 해하지 아니하는
  자이니 이런 일을 행하는 자는 영원히 흔들리지 아니하리이다

롬 3:19~26

19 우리가 알거니와 무릇 율법이 말하는 바는 율법 아래에 있는 자들에게 말하는 것이니 이는 모든 입을 막고 온 세상으로 하나님의 심판 아래에 있게 하려 함이라

20 그러므로 율법의 행위로 그의 앞에 의롭다 하심을 얻을 육체가 없나니 율법으로는 죄를 깨달음이니라

21 이제는 율법 외에 하나님의 한 의가 나타났으니 율법과 선지자들에게 증거를 받은 것이라

22 곧 예수 그리스도를 믿음으로 말미암아 모든 믿는 자에게 미치는 하나님의 의니 차별이 없느니라

23 모든 사람이 죄를 범하였으매 하나님의 영광에 이르지 못하더니

24 그리스도 예수 안에 있는 속량으로 말미암아 하나님의 은혜로 값 없이 의롭다 하심을 얻은 자 되었느니라

25 이 예수를 하나님이 그의 피로써 믿음으로 말미암는 화목제물로 세우셨으니 이는 하나님께서 길이 참으시는 중에 전에 지은 죄를 간과하심으로 자기의 의로우심을 나타내려 하심이니

26 곧 이때에 자기의 의로우심을 나타내사 자기도 의로우시며 또한 예수 믿는 자를 의롭다 하려 하심이라

요 19:30

예수께서 신 포도주를 받으신 후에 이르시되 다 이루었다 하시고 머리를 숙이니 영혼이 떠나가시니라

빌 3:7~8

7 그러나 무엇이든지 내게 유익하던 것을 내가 그리스도를 위하여 다 해로 여길뿐더러

8 또한 모든 것을 해로 여김은 내 주 그리스도 예수를 아는 지식이 가장 고상하기 때문이라 내가 그를 위하여 모든 것을 잃어버리고 배설물로 여김은 그리스도를 얻고

행 1:8

오직 성령이 너희에게 임하시면 너희가 권능을 받고 예루살렘과 온 유대와 사마리아와 땅 끝까지 이르러 내 증인이 되리라 하시니라

엡 2:10

우리는 그가 만드신 바라 그리스도 예수 안에서 선한 일을 위하여 지으심을 받은 자니 이 일은 하나님이 전에 예비하사 우리로 그 가운데서 행하게 하려 하심이니라

빌 1:29

그리스도를 위하여 너희에게 은혜를 주신 것은 다만 그를 믿을 뿐 아니라 또한 그를 위하여 고난도 받게 하려 하심이라

피난처 避難處, shelter | 시편 16:1

> 시편 16:1
> 하나님이여 나를 지켜 주소서 내가 주께 피하나이다

피난처 되시는 주님께 피하는 자는 마음이 기쁘고 영靈도 즐거우며 육체도 안전하게 보호 받으며 영원히 흔들리지 않는다. 시 16:8~9

피난처 되시는 주님께로 피하는 방법은 무엇일까?

주님 밖에는 나의 복이 없다는 믿음이다. 시 16:2

나의 산업과 나의 잔의 소득과 분깃이 여호와이심인 믿음이다. 시 16:5

상황(근심, 고통, 위험)에 대한 정확한 시간표를 보는 믿음이다. 시 16:6

주님으로 기뻐하고 즐거워하는 믿음이다. 시 16:11

피난처 避難處, shelter
근심된 일이나 위험, 고통 따위로부터 피할 수 있는 대상이다.

시 16:1~2, 5~6, 8~9, 11

1 하나님이여 나를 지켜 주소서 내가 주께 피하나이다

2 내가 여호와께 아뢰되 주는 나의 주님이시오니 주 밖에는 나의 복이 없다 하였나이다

5 여호와는 나의 산업과 나의 잔의 소득이시니 나의 분깃을 지키시나이다

6 내게 줄로 재어 준 구역은 아름다운 곳에 있음이여 나의 기업이 실로 아름답도다

8 내가 여호와를 항상 내 앞에 모심이여 그가 나의 오른쪽에 계시므로 내가 흔들리지 아니하리로다

9 이러므로 나의 마음이 기쁘고 나의 영도 즐거워하며 내 육체도 안전히 살리니

11 주께서 생명의 길을 내게 보이시리니 주의 앞에는 충만한 기쁨이 있고 주의 오른쪽에는 영원한 즐거움이 있나이다

절대적 絶對的 | 시편 17:13~15

> 시편 17:3
> 주께서 내 마음을 시험하시고 밤에 내게 오시어서 나를 감찰하셨으나
> 흠을 찾지 못하셨사오니 내가 결심하고 입으로 범죄하지 아니하리이다

나는 하나님의 꾀쟁이다

절대 응답은 오직 그리스도 뿐이다. 시 17:1~3

절대 믿음은 악인들의 만족함 가운데서 내 영혼을 지키는 것이다. 시 17:13

절대 축복祝福은 내 영혼이 주님으로 만족滿足 함이다. 시 17:14~15

절대적
비교하거나 상대될 만한 것이 없는 것

시 17:1~7, 13~15

1 여호와여 의의 호소를 들으소서 나의 울부짖음에 주의하소서 거짓 되지 아니한 입술에서 나오는 나의 기도에 귀를 기울이소서

2 주께서 나를 판단하시며 주의 눈으로 공평함을 살피소서

3 주께서 내 마음을 시험하시고 밤에 내게 오시어서 나를 감찰하셨으나 흠을 찾지 못하셨사오니 내가 결심하고 입으로 범죄하지 아니하리이다

4 사람의 행사로 논하면 나는 주의 입술의 말씀을 따라 스스로 삼가서 포악한 자의 길을 가지 아니하였사오며

5 나의 걸음이 주의 길을 굳게 지키고 실족하지 아니하였나이다

6 하나님이여 내게 응답하시겠으므로 내가 불렀사오니 내게 귀를 기울여 내 말을 들으소서

7 주께 피하는 자들을 그 일어나 치는 자들에게서 오른손으로 구원하시는 주여 주의 기이한 사랑을 나타내소서

13 여호와여 일어나 그를 대항하여 넘어뜨리시고 주의 칼로 악인에게서 나의 영혼을 구원하소서

14 여호와여 이 세상에 살아 있는 동안 그들의 분깃을 받은 사람들에게서 주의 손으로 나를 구하소서 그들은 주의 재물로 배를 채우고 자녀로 만족하고 그들의 남은 산업을 그들의 어린 아이들에게 물려주는 자니이다

15 나는 의로운 중에 주의 얼굴을 뵈오리니 깰 때에 주의 형상으로 만족하리이다

낭중지추 囊中之錐 | 시편 18:1~2

시편 18:6
내가 환난 중에서 여호와께 아뢰며 나의 하나님께 부르짖었더니 그가 그의 성전에서
내 소리를 들으심이여 그의 앞에서 나의 부르짖음이 그의 귀에 들렸도다

나는 누구인가?

여호와께서 나의 힘, 반석, 요새, 피할 바위, 방패, 구원의 뿔, 산성이 되는

자이다. 시 18:1~2

이 사실이 언제 드러나는가?

원수들 앞에서 드러난다. 시 18:3

사망의 줄, 불의의 창수, 스올의 줄, 사망의 올무와 환난 중에 드러난다.

시 18:4~6

언제까지 계속 되는가?

영원토록 영원하시다. 시 18:50

낭중지추 囊中之錐
주머니 속에 송곳 이라는 뜻으로 재주가 뛰어난 사람은 저절로 드러난다는 뜻이다.

시 18:1~6, 50

1 나의 힘이신 여호와여 내가 주를 사랑하나이다

2 여호와는 나의 반석이시요 나의 요새시요 나를 건지시는 이시요 나의 하나님이시요
  내가 그 안에 피할 나의 바위시요 나의 방패시요 나의 구원의 뿔이시요 나의 산성
  이시로다

3 내가 찬송 받으실 여호와께 아뢰리니 내 원수들에게서 구원을 얻으리로다

4 사망의 줄이 나를 얽고 불의의 창수가 나를 두렵게 하였으며

5 스올의 줄이 나를 두르고 사망의 올무가 내게 이르렀도다

6 내가 환난 중에서 여호와께 아뢰며 나의 하나님께 부르짖었더니 그가 그의 성전에서
  내 소리를 들으심이여 그의 앞에서 나의 부르짖음이 그의 귀에 들렸도다

50 여호와께서 그 왕에게 큰 구원을 주시며 기름 부음 받은 자에게 인자를 베푸심이여
  영원토록 다윗과 그 후손에게로다

보이지 않는 손 Invisible hand | 시편 19:7~10

> 시편 19:1
> 하늘이 하나님의 영광을 선포하고 궁창이 그의 손으로 하신 일을 나타내는도다

하나님의 손은 그가 지으신 날과 모든 만물에 나타나신다. 시 19:1~6

하나님의 손은 그의 말씀 가운데 나타나신다. 시 19:7~11

하나님의 손은 개인의 양심에 나타나신다. 시 19:12~14

그리스도 안에 있는 자는 이 손을 체험할 수 있다.

보이지 않는 손
시장경제의 암묵적인 자율 작동 원리를 의미하는 말이다.
시장 경제 내에 공익共益 달성을 위해 사익私益을 조정해 주는
신神의 손이 존재하는 것 같다는 의미에서 붙여진 이름이다.

1　하늘이 하나님의 영광을 선포하고 궁창이 그의 손으로 하신 일을 나타내는도다

2　날은 날에게 말하고 밤은 밤에게 지식을 전하니

3　언어도 없고 말씀도 없으며 들리는 소리도 없으나

4　그의 소리가 온 땅에 통하고 그의 말씀이 세상 끝까지 이르도다 하나님이 해를 위하여 하늘에 장막을 베푸셨도다

5　해는 그의 신방에서 나오는 신랑과 같고 그의 길을 달리기 기뻐하는 장사 같아서

6　하늘 이 끝에서 나와서 하늘 저 끝까지 운행함이여 그의 열기에서 피할 자가 없도다

7　여호와의 율법은 완전하여 영혼을 소성시키며 여호와의 증거는 확실하여 우둔한 자를 지혜롭게 하며

8　여호와의 교훈은 정직하여 마음을 기쁘게 하고 여호와의 계명은 순결하여 눈을 밝게 하시도다

9　여호와를 경외하는 도는 정결하여 영원까지 이르고 여호와의 법도 진실하여 다 의로우니

10　금 곧 많은 순금보다 더 사모할 것이며 꿀과 송이꿀보다 더 달도다

11　또 주의 종이 이것으로 경고를 받고 이것을 지킴으로 상이 크니이다

12　자기 허물을 능히 깨달을 자 누구리요 나를 숨은 허물에서 벗어나게 하소서

13　또 주의 종에게 고의로 죄를 짓지 말게 하사 그 죄가 나를 주장하지 못하게 하소서 그리하면 내가 정직하여 큰 죄과에서 벗어나겠나이다

14　나의 반석이시요 나의 구속자이신 여호와여 내 입의 말과 마음의 묵상이 주님 앞에 열납되기를 원하나이다

시력 視力 | 시편 20:1~3

시편 20:1
환난 날에 여호와께서 네게 응답하시고 야곱의 하나님의 이름이 너를 높이 드시며

도시에 사는 대부분의 사람들은 2.0 이하의 시력을 가지고 있다.

그러나 티베트 민족과 몽골족의 경우 대부분 평균 3.0~4.5가 넘는 시력을 가지고 있다고 한다.

그리스도인들은 영안靈眼을 가졌다.

그 영안은 바로 응답을 보는 눈이다.

환난 날의 응답을 보는 눈이다. 시 20:1

성소, 시온, 소제와 번제(그리스도) 속에 있는 응답을 보는 눈이다. 시 20:2~3

오직, 유일성, 재창조의 응답을 보는 눈이다. 시 20:5~6

시력 視力
물체의 존재나 형상을 인식하는 눈의 능력能力을 시력이라고 한다.

시 20:1~3, 5~6

1 환난 날에 여호와께서 네게 응답하시고 야곱의 하나님의 이름이 너를 높이 드시며

2 성소에서 너를 도와 주시고 시온에서 너를 붙드시며

3 네 모든 소제를 기억하시며 네 번제를 받아 주시기를 원하노라(셀라)

5 우리가 너의 승리로 말미암아 개가를 부르며 우리 하나님의 이름으로 우리의 깃발을 세우리니 여호와께서 네 모든 기도를 이루어 주시기를 원하노라

6 여호와께서 자기에게 기름 부음 받은 자를 구원하시는 줄 이제 내가 아노니 그의 오른손의 구원하는 힘으로 그의 거룩한 하늘에서 그에게 응답하시리로다

지존자 至尊者 | 시편 21:7

> **시편 21:7**
> 왕이 여호와를 의지하오니 지존하신 이의 인자함으로 흔들리지 아니하리이다

사람이 무엇으로 기뻐하고 즐거워하는가를 보면 그 사람을 알 수 있다.

다윗은 왕이다.

그러나 왕이라는 그 신분 때문에 기뻐하고 즐거워하지 않았다.

그 신분으로는 세상과 세상 임금 마귀魔鬼를 이길 수 없기 때문이다.

그는 세상과 마귀를 이기는 하나님 자녀의 신분으로 기뻐하고 즐거워

했다. 시 21:8~13

그 신분은 아름다움 순금 같다. 시 21:3

그 신분은 생명이며 영원한 것이다. 시 21:4

그 신분은 영광스럽고 존귀한 것이다. 시 21:5

그 신분은 영원히 기쁘고 즐거운 것이다. 시 21:6

그 신분은 어떤 것도 흔들 수 없는 지존至尊의 복이다. 시 21:7

나는 지존자의 은밀한 곳, 그리스도 안에 사는 자이다.

지존자 至尊者
하나님의 성품 중에 하나이며, 더할 나위 없이 존귀하신 분이라는 뜻이다.

시 21:3~13

3 주의 아름다운 복으로 그를 영접하시고 순금 관을 그의 머리에 씌우셨나이다

4 그가 생명을 구하매 주께서 그에게 주셨으니 곧 영원한 장수로소이다

5 주의 구원이 그의 영광을 크게 하시고 존귀와 위엄을 그에게 입히시나이다

6 그가 영원토록 지극한 복을 받게 하시며 주 앞에서 기쁘고 즐겁게 하시나이다

7 왕이 여호와를 의지하오니 지존하신 이의 인자함으로 흔들리지 아니하리이다

8 왕의 손이 왕의 모든 원수들을 찾아냄이여 왕의 오른손이 왕을 미워하는 자들을 찾아내리로다

9 왕이 노하실 때에 그들을 풀무불 같게 할 것이라 여호와께서 진노하사 그들을 삼키시리니 불이 그들을 소멸하리로다

10 왕이 그들의 후손을 땅에서 멸함이여 그들의 자손을 사람 중에서 끊으리로다

11 비록 그들이 왕을 해하려 하여 음모를 꾸몄으나 이루지 못하도다

12 왕이 그들로 돌아서게 함이여 그들의 얼굴을 향하여 활시위를 당기리로다

13 여호와여 주의 능력으로 높임을 받으소서 우리가 주의 권능을 노래하고 찬송하게 하소서

무응답無應答의 응답 應答 | 시편 22:1~6

시편 22편은 메시야 고난을 예언한 기도 시이다.

예수님이 우리 죄를 대속하기 위한 대속물로서 당할 고난을 시적으로

표현한 내용이다. 시 22:7~8, 14~18

하나님은 예수님의 기도를 외면하셨다.

그 무응답無應答은 자기 백성을 죄와 사탄의 권세와 지옥의 배경에서 구원

하는 응답을 담고 있다. 시 22:3~5, 22~31

그러면 나의 일상 속에 무응답은 어떤 응답을 담고 있는 것일까?

'오직의 응답'이다.

오직 여호와로 충분한 응답이다. 시 23:1

오직 소망을 주께 두게 하는 응답이다. 시 39:7, 롬 5:3~4

오직 여호와가 즐거움이며, 기쁨이 되는 응답이다. 합 3:17~18

시 22:1~8, 14~18, 22~31

1 내 하나님이여 내 하나님이여 어찌 나를 버리셨나이까 어찌 나를 멀리 하여 돕지 아니하시오며 내 신음 소리를 듣지 아니하시나이까

2 내 하나님이여 내가 낮에도 부르짖고 밤에도 잠잠하지 아니하오나 응답하지 아니하시나이다

3 이스라엘의 찬송 중에 계시는 주여 주는 거룩하시니이다

4 우리 조상들이 주께 의뢰하고 의뢰하였으므로 그들을 건지셨나이다

5 그들이 주께 부르짖어 구원을 얻고 주께 의뢰하여 수치를 당하지 아니하였나이다

6 나는 벌레요 사람이 아니라 사람의 비방 거리요 백성의 조롱 거리니이다

7 나를 보는 자는 다 나를 비웃으며 입술을 비쭉거리고 머리를 흔들며 말하되

8 그가 여호와께 의탁하니 구원하실 걸, 그를 기뻐하시니 건지실 걸 하나이다

14 나는 물 같이 쏟아졌으며 내 모든 뼈는 어그러졌으며 내 마음은 밀랍 같아서 내 속에서 녹았으며

15 내 힘이 말라 질그릇 조각 같고 내 혀가 입천장에 붙었나이다 주께서 또 나를 죽음의 진토 속에 두셨나이다

16 개들이 나를 에워쌌으며 악한 무리가 나를 둘러 내 수족을 찔렀나이다

17 내가 내 모든 뼈를 셀 수 있나이다 그들이 나를 주목하여 보고

18 내 겉옷을 나누며 속옷을 제비 뽑나이다

22 내가 주의 이름을 형제에게 선포하고 회중 가운데에서 주를 찬송하리이다

23 여호와를 두려워하는 너희여 그를 찬송할지어다 야곱의 모든 자손이여 그에게 영광을 돌릴지어다 너희 이스라엘 모든 자손이여 그를 경외할지어다

24 그는 곤고한 자의 곤고를 멸시하거나 싫어하지 아니하시며 그의 얼굴을 그에게서 숨기지 아니하시고 그가 울부짖을 때에 들으셨도다

25 큰 회중 가운데에서 나의 찬송은 주께로부터 온 것이니 주를 경외하는 자 앞에서 나의 서원을 갚으리이다

26 겸손한 자는 먹고 배부를 것이며 여호와를 찾는 자는 그를 찬송할 것이라 너희 마음은 영원히 살지어다

27 땅의 모든 끝이 여호와를 기억하고 돌아오며 모든 나라의 모든 족속이 주의 앞에 예배하리니

28 나라는 여호와의 것이요 여호와는 모든 나라의 주재심이로다

29 세상의 모든 풍성한 자가 먹고 경배할 것이요 진토 속으로 내려가는 자 곧 자기 영혼을 살리지 못할 자도 다 그 앞에 절하리로다

30 후손이 그를 섬길 것이요 대대에 주를 전할 것이며

31 와서 그의 공의를 태어날 백성에게 전함이여 주께서 이를 행하셨다 할 것이로다

시 23:1

여호와는 나의 목자시니 내게 부족함이 없으리로다

시 39:7

주여 이제 내가 무엇을 바라리요 나의 소망은 주께 있나이다

롬 5:3~4

3 다만 이뿐 아니라 우리가 환난 중에도 즐거워하나니 이는 환난은 인내를,

4 인내는 연단을, 연단은 소망을 이루는 줄 앎이로다

합 3:17~18

17 비록 무화과나무가 무성하지 못하며 포도나무에 열매가 없으며 감람나무에 소출이 없으며 밭에 먹을 것이 없으며 우리에 양이 없으며 외양간에 소가 없을지라도

18 나는 여호와로 말미암아 즐거워하며 나의 구원의 하나님으로 말미암아 기뻐하리로다

Chapter 2

백문일답 百問一答

여호와는 나의 목자시니 내게 부족함이 없으리로다 시 23:1

백문일답 百問一答 | 시편 23:1~6

시편 23:1
여호와는 나의 목자시니 내게 부족함이 없으리로다

불면증으로 잠을 이루지 못하거나 깊은 잠을 으루지 못하는 사람들이
많다.

그 원인은 무엇일까?

인간의 몸에 있는 '생체시계'라는 기능이 고장난 것이다. 이 생체시계를
움직이고 조절하는 것은 멜라토닌이라는 뇌腦 내內 호르몬이다.

멜라토닌은 뇌 속의 송과체라는 작은 기관에서 만들어져 분비되는 호르몬
이다. 그런데 송과체가 멜라토닌을 만드는 시간은 밤이 아니다. 송과체는
태양이 떠졌을 때 특히 아침에 태양빛을 받아야 멜라토닌을 만들 수 있다.
그러므로 숙면의 시작은 저녁이 아닌 아침이라 할 수 있다.

문제, 사건, 시험과 일을 만났을 때, 답을 얻고 응답을 찾고자 한다면
힘이 들고 어려운 것이다. 아침에 송과체에서 멜라토닌을 만들어 밤에
깊은 잠에 들게 하듯, 항상 그리스도가 답이 되는 백문일답의 시간이 영적인
멜라토닌을 만들어내는 시간이다. 시 23:1~6

백문일답
문제가 백 가지라도 답은 하나라는 말이다.

시 23:1~6

1 여호와는 나의 목자시니 내게 부족함이 없으리로다

2 그가 나를 푸른 풀밭에 누이시며 쉴 만한 물 가로 인도하시는도다

3 내 영혼을 소생시키시고 자기 이름을 위하여 의의 길로 인도하시는도다

4 내가 사망의 음침한 골짜기로 다닐지라도 해를 두려워하지 않을 것은 주께서 나와 함께 하심이라 주의 지팡이와 막대기가 나를 안위하시나이다

5 주께서 내 원수의 목전에서 내게 상을 차려 주시고 기름을 내 머리에 부으셨으니 내 잔이 넘치나이다

6 내 평생에 선하심과 인자하심이 반드시 나를 따르리니 내가 여호와의 집에 영원히 살리로다

공동명의 共同名義, joint name | 시편 24:5~6

> 시편 24:3
> 여호와의 산에 오를 자가 누구며 그의 거룩한 곳에 설 자가 누구인가

땅과 세계, 그리고 그 가운데 존재한 모든 것의 소유자는 여호와이시다.
시 24:1~2

이 모든 소유를 공유共有할 자가 누구인가? 시 24:3

바로 하나님의 은혜 속에 사는 자이다.

그리스도가 유일한 방법이 되는 자이다. 시 24:4~6

그 은혜를 따라 살 수밖에 없는 나는 하나님의 능력을 공동 소유한 자이다.

만군의 여호와를 왕으로 모신 나는 하나님의 모든 소유를 조건 없이 취득한

공동명의자이다. 시 24:7~10

공동명의
부동산 등을 소유할 때 단일 주체가 아닌, 둘 이상의 주체로 설정하는 것을 말한다.

1 땅과 거기에 충만한 것과 세계와 그 가운데에 사는 자들은 다 여호와의 것이로다

2 여호와께서 그 터를 바다 위에 세우심이여 강들 위에 건설하셨도다

3 여호와의 산에 오를 자가 누구며 그의 거룩한 곳에 설 자가 누구인가

4 곧 손이 깨끗하며 마음이 청결하며 뜻을 허탄한 데에 두지 아니하며 거짓 맹세하지 아니하는 자로다

5 그는 여호와께 복을 받고 구원의 하나님께 의를 얻으리니

6 이는 여호와를 찾는 족속이요 야곱의 하나님의 얼굴을 구하는 자로다(셀라)

7 문들아 너희 머리를 들지어다 영원한 문들아 들릴지어다 영광의 왕이 들어가시리로다

8 영광의 왕이 누구시냐 강하고 능한 여호와시요 전쟁에 능한 여호와시로다

9 문들아 너희 머리를 들지어다 영원한 문들아 들릴지어다 영광의 왕이 들어가시리로다

10 영광의 왕이 누구시냐 만군의 여호와께서 곧 영광의 왕이시로다(셀라)

대기만성 大器晚成 | 시편 25:5

시편 25:5
주의 진리로 나를 지도하시고 교훈 하소서 주는 내 구원의 하나님이시니
내가 종일 주를 기다리나이다

요즘 우리 사회는 빠른 성과를 기대한다.

신앙 교육도 문제 해결과 사건 종결에 목적을 둔다.

기다림, 대기만성의 미학을 놓치고 산다.

다윗은 종일 주님을 기다리는 신앙을 가졌다.

주님을 종일 기다리는 자는 부끄러움과 수치를 당하지 않는다. 시 25:1~3

주님을 종일 기다리는 자는 복음의 능력을 아는 자들이다. 시 25:4~14, 고전 1:18

주님을 종일 기다리는 자는 일당백의 힘을 가진 자이다. 시 25:15~22

주님을 종일 기다리는 자는 오직 복음이 방법인 자이다.

나는 종일 주님을 기다리는 대기만성의 비밀을 가진 자이다.

대기만성 大器晚成
큰 그릇은 오랜 시간이 지나야 만들어진다는 말로 큰 인물은 하루아침에 이루어지지 않는다는 의미이다.

시 25:1~22

1 여호와여 나의 영혼이 주를 우러러보나이다

2 나의 하나님이여 내가 주께 의지하였사오니 나를 부끄럽지 않게 하시고 나의 원수들이 나를 이겨 개가를 부르지 못하게 하소서

3 주를 바라는 자들은 수치를 당하지 아니하려니와 까닭 없이 속이는 자들은 수치를 당하리이다

4 여호와여 주의 도를 내게 보이시고 주의 길을 내게 가르치소서

5 주의 진리로 나를 지도하시고 교훈하소서 주는 내 구원의 하나님이시니 내가 종일 주를 기다리나이다

6 여호와여 주의 긍휼하심과 인자하심이 영원부터 있었사오니 주여 이것들을 기억하옵소서

7 여호와여 내 젊은 시절의 죄와 허물을 기억하지 마시고 주의 인자하심을 따라 주께서 나를 기억하시되 주의 선하심으로 하옵소서

8 여호와는 선하시고 정직하시니 그러므로 그의 도로 죄인들을 교훈하시리로다

9 온유한 자를 정의로 지도하심이여 온유한 자에게 그의 도를 가르치시리로다

10 여호와의 모든 길은 그의 언약과 증거를 지키는 자에게 인자와 진리로다

11 여호와여 나의 죄악이 크오니 주의 이름으로 말미암아 사하소서

12 여호와를 경외하는 자 누구냐 그가 택할 길을 그에게 가르치시리로다

13 그의 영혼은 평안히 살고 그의 자손은 땅을 상속하리로다

14 여호와의 친밀하심이 그를 경외하는 자들에게 있음이여 그의 언약을 그들에게 보이시리로다

15 내 눈이 항상 여호와를 바라봄은 내 발을 그물에서 벗어나게 하실 것임이로다

16 주여 나는 외롭고 괴로우니 내게 돌이키사 나에게 은혜를 베푸소서

17 내 마음의 근심이 많사오니 나를 고난에서 끌어내소서

18 나의 곤고와 환난을 보시고 내 모든 죄를 사하소서

19 내 원수를 보소서 그들의 수가 많고 나를 심히 미워하나이다

20 내 영혼을 지켜 나를 구원하소서 내가 주께 피하오니 수치를 당하지 않게 하소서

21 내가 주를 바라오니 성실과 정직으로 나를 보호하소서

22 하나님이여 이스라엘을 그 모든 환난에서 속량하소서

고전 1:18

십자가의 도가 멸망하는 자들에게는 미련한 것이요 구원을 받는 우리에게는 하나님의 능력이라

인자무적 仁慈無敵 | 시편 26:1~12

시편 26:3
주의 인자하심이 내 목전에 있나이다 내가 주의 진리 중에 행하여

인자무적仁慈無敵 능력의 원인이 여호와 하나님께 있다.

인자무적仁者無敵 능력의 원인이 나에게 있다.

인자무적仁者無敵의 능력은 인간관계에서 성공한다.

인자무적仁慈無敵의 능력을 아는 자는 세상과 사단이 무릎을 꿇는다.

주의 인자仁慈가 바로 내 앞에 있다.

주의 인자仁慈가 내 목전에 있다. 시 26:3

주의 인자는 그리스도 예수이시다.

인자무적 仁者無敵
'인자한 사람에게는 적이 없다'는 뜻의 한자성어이다.

시 26:1~12

1 내가 나의 완전함에 행하였사오며 흔들리지 아니하고 여호와를 의지하였사오니 여호와여 나를 판단하소서

2 여호와여 나를 살피시고 시험하사 내 뜻과 내 양심을 단련하소서

3 주의 인자하심이 내 목전에 있나이다 내가 주의 진리 중에 행하여

4 허망한 사람과 같이 앉지 아니하였사오니 간사한 자와 동행하지도 아니하리이다

5 내가 행악자의 집회를 미워하오니 악한 자와 같이 앉지 아니하리이다

6 여호와여 내가 무죄하므로 손을 씻고 주의 제단에 두루 다니며

7 감사의 소리를 들려 주고 주의 기이한 모든 일을 말하리이다

8 여호와여 내가 주께서 계신 집과 주의 영광이 머무는 곳을 사랑하오니

9 내 영혼을 죄인과 함께, 내 생명을 살인자와 함께 거두지 마소서

10 그들의 손에 사악함이 있고 그들의 오른손에 뇌물이 가득하오나

11 나는 나의 완전함에 행하오리니 나를 속량하시고 내게 은혜를 베푸소서

12 내 발이 평탄한 데에 섰사오니 무리 가운데에서 여호와를 송축하리이다

뉴스 News | 시편 27:4

시편 27:4
내가 여호와께 바라는 한 가지 일 그것을 구하리니 곧 내가 내 평생에 여호와의 집에 살면서 여호와의 아름다움을 바라보며 그의 성전에서 사모(思慕)하는 그것이라

2017년 11월 15일, 경북 포항 지역에 규모 5.4의 지진地震이 발생했다. 20일 새벽에는 규모 3.6의 여진餘塵이 일어나고, 여진의 횟수는 58회에 달했다.

같은 날, 중국 시진핑 주석主席의 특사로 북한을 방문 중인 쑹타오와 김정은의 면담이 이루어지지 못한 가운데 있었다. 이대로 중국 특사가 귀국길에 오르게 된다면 북한과 중국의 관계는 악화될 것이며, 한반도 전쟁 위기의 수위는 더 높아질 것이다.

또한 같은 날 짐바브웨 로버트 무가베(93세) 대통령이 38년 장기 집권과 41세 연하의 부인에게 정권을 계승하려는 계획이 무산된 가운데 자택에 감금 중이었다.

지진 후 계속되는 여진의 불안, 전쟁의 위기, 독재자의 광기 앞에 서 있어도 괜찮다.

내가 구하고 바라는 한 가지 일은, 여진의 사라짐이 아니다.

평화를 위협하는 장애물의 제거도 아니다.

독재자의 하야下野, 폭군의 죽음도 아니다.

내가 구하고 바라는 한 가지 일은 오직 여호와 앞에 서 있는 것이다. 시 27:4

그 자리가 가장 완전하며, 유일한 응답이기 때문이다. 시 27:1~3, 5~6, 14

시 27:1~6, 14

1 여호와는 나의 빛이요 나의 구원이시니 내가 누구를 두려워하리요 여호와는 내 생명의 능력이시니 내가 누구를 무서워하리요

2 악인들이 내 살을 먹으려고 내게로 왔으나 나의 대적들, 나의 원수들인 그들은 실족하여 넘어졌도다

3 군대가 나를 대적하여 진 칠지라도 내 마음이 두렵지 아니하며 전쟁이 일어나 나를 치려 할지라도 나는 여전히 태연하리로다

4 내가 여호와께 바라는 한 가지 일 그것을 구하리니 곧 내가 내 평생에 여호와의 집에 살면서 여호와의 아름다움을 바라보며 그의 성전에서 사모하는 그것이라

5 여호와께서 환난 날에 나를 그의 초막 속에 비밀히 지키시고 그의 장막 은밀한 곳에 나를 숨기시며 높은 바위 위에 두시리로다

6 이제 내 머리가 나를 둘러싼 내 원수 위에 들리리니 내가 그의 장막에서 즐거운 제사를 드리겠고 노래하며 여호와를 찬송하리로다

14 너는 여호와를 기다릴지어다 강하고 담대하며 여호와를 기다릴지어다

기도 祈禱, Prayer | 시편 28:6~9

| 시편 28:1
| 여호와여 내가 주께 부르짖으오니 나의 반석이여 내게 귀를 막지 마소서

모든 종교에는 기도가 있다.

모든 사람들은 자기 나름대로 기도를 한다.

기도는 자신의 조건과 환경을 이용하여 저마다의 신앙의 목적에 이르는 것이다.

일본인들 사이에서 '경영의 신神'으로 추앙받는 내쇼날 그룹의 경영자 마쓰시타 고노스케 씨에게 성공의 조건이 무엇인가를 질문했다.

그는 첫째는 가난이라고 대답對答했다(어릴 적부터 몹시 가난하여 구두 닦이와 신문팔이를 하면서 좋은 경험을 쌓았다는 것이다). 두 번째는 허약한 몸이라고 했다(허약한 몸 때문에 항상 운동에 힘썼더니 늙어서도 건강을 지킬 수 있었다는 것이다). 세 번째는 학벌이라고 했다(국민학교 졸업이 전부이기에 모든 사람을 스승으로 삼고 열심히 배웠다는 것이다).

이렇듯 하나님의 능력을 모르는 사람에게는 자신의 환경을 이용하여 성공 하려고 하는 것이 바로 기도이다.

다윗은 자신의 상황(시 28:1~5)을 활용하여 여호와 하나님에 대한 자신의 신앙을 고백한다. 시 28:6~9

상황 앞에서 하나님에 대한 나의 신앙고백을 하는 것이 기도이다.

시 28:1~9

1 여호와여 내가 주께 부르짖으오니 나의 반석이여 내게 귀를 막지 마소서 주께서 내게 잠잠하시면 내가 무덤에 내려가는 자와 같을까 하나이다

2 내가 주의 지성소를 향하여 나의 손을 들고 주께 부르짖을 때에 나의 간구하는 소리를 들으소서

3 악인과 악을 행하는 자들과 함께 나를 끌어내지 마옵소서 그들은 그 이웃에게 화평을 말하나 그들의 마음에는 악독이 있나이다

4 그들이 하는 일과 그들의 행위가 악한 대로 갚으시며 그들의 손이 지은 대로 그들에게 갚아 그 마땅히 받을 것으로 그들에게 갚으소서

5 그들은 여호와께서 행하신 일과 손으로 지으신 것을 생각하지 아니하므로 여호와께서 그들을 파괴하고 건설하지 아니하시리로다

6 여호와를 찬송함이여 내 간구하는 소리를 들으심이로다

7 여호와는 나의 힘과 나의 방패이시니 내 마음이 그를 의지하여 도움을 얻었도다
  그러므로 내 마음이 크게 기뻐하며 내 노래로 그를 찬송하리로다

8 여호와는 그들의 힘이시요 그의 기름 부음 받은 자의 구원의 요새이시로다

9 주의 백성을 구원하시며 주의 산업에 복을 주시고 또 그들의 목자가 되시어 영원토록 그들을 인도하소서

소리와 음성 시편 29:3~9

> 시편 29:4
> 여호와의 소리가 힘 있음이여 여호와의 소리가 위엄차도다

소리는 만물이 움직일 때 나타나는 현상이다.

음성音聲, voice은 한 사람의 이미지이다.

구약舊約시대에 하나님의 소리와 음성은 그리스도가 오신다는 것이다.

신약新約시대에 하나님의 소리와 음성은 예수가 그리스도라는 것이다.

교회教會시대 하나님의 소리와 음성은 오직 그리스도, 오직 기도, 오직 성령 충만과 증인이다.

그 소리와 음성은 절대권위이다. 시 29:1~4

그 소리와 음성은 어떤 것도 장애가 될 수 없는 능력power이다. 시 29:5~9

그 소리와 음성 앞에서 예배하는 자에게는 여호와께서 영원한 왕으로 평강의 복으로 나타나신다. 시 29:10~11

모든 만물과 역사는 그 소리와 음성을 따라 움직인다.

그 소리와 음성 속에서 나는 범사를 시작한다.

시 29:1~11

1 너희 권능 있는 자들아 영광과 능력을 여호와께 돌리고 돌릴지어다

2 여호와께 그의 이름에 합당한 영광을 돌리며 거룩한 옷을 입고 여호와께 예배할지어다

3 여호와의 소리가 물 위에 있도다 영광의 하나님이 우렛소리를 내시니 여호와는 많은 물 위에 계시도다

4 여호와의 소리가 힘 있음이여 여호와의 소리가 위엄차도다

5 여호와의 소리가 백향목을 꺾으심이여 여호와께서 레바논 백향목을 꺾어 부수시도다

6 그 나무를 송아지 같이 뛰게 하심이여 레바논과 시룐으로 들송아지 같이 뛰게 하시도다

7 여호와의 소리가 화염을 가르시도다

8 여호와의 소리가 광야를 진동하심이여 여호와께서 가데스 광야를 진동시키시도다

9 여호와의 소리가 암사슴을 낙태하게 하시고 삼림을 말갛게 벗기시니 그의 성전에서 그의 모든 것들이 말하기를 영광이라 하도다

10 여호와께서 홍수 때에 좌정하셨음이여 여호와께서 영원하도록 왕으로 좌정하시도다

11 여호와께서 자기 백성에게 힘을 주심이여 여호와께서 자기 백성에게 평강의 복을 주시리로다

잠깐 시편 30:5

> 시편 30:5
> 그의 노염은 잠깐이요 그의 은총은 평생이로다 저녁에는 울음이 깃들일지라도 아침에는 기쁨이 오리로다

남북의 관계가 회복이 되어 화해의 분위기가 조성되면 주변 국가들이 손뼉을 쳐주지 않는다고 한다.

그 이유는 남북이 서로를 경계하며 상처를 주고 출혈이 생겨야 상대적으로 이익이 생기기 때문이다.

사탄satan은 하나님의 계획을 성도들이 오해하도록 만들어 낙심과 불신앙에 빠지게 한다.

주께서 잠시 내 영혼을 스올에 두심은 그의 거룩함에 이르도록 하시기 위함이다. 시 30:4

잠깐의 노여움과 울음은 평생의 은총과 기쁨을 주시기 위함이다. 시 30:5

잠깐의 슬픔과 베옷을 입히심은 춤과 기쁨으로 영원히 띠 띠우시기 위함이다. 시 30:11~12

하나님의 계획은 내가 오직 그리스도 안에 사는 것이다.

시 30:4~5, 11~12

4 주의 성도들아 여호와를 찬송하며 그의 거룩함을 기억하며 감사하라

5 그의 노염은 잠깐이요 그의 은총은 평생이로다 저녁에는 울음이 깃들일지라도 아침에는 기쁨이 오리로다

11 주께서 나의 슬픔이 변하여 내게 춤이 되게 하시며 나의 베옷을 벗기고 기쁨으로 띠 띠우셨나이다

12 이는 잠잠하지 아니하고 내 영광으로 주를 찬송하게 하심이니 여호와 나의 하나님이여 내가 주께 영원히 감사하리이다

수 手, skill | 시편 31:15

나의 대적들의 수skill는 나를 흔들어 낙심케 하고 내 생명生命을 빼앗는
것이다. 시편 31:11~13

여호와 하나님의 수skill는 나를 모든 형벌로부터 속량하사 대적들의
계획에 맡기지 아니하시고 나로 하여금 더 높고, 더 깊은 것을 보게 하신다.
시 31:5~8

그리스도 안에 있는 내 수skill는 나의 영과 앞날을 주님의 수skill에 맡기고,
강하고 담대한 것이다. 시 31:5, 31:24

하나님의 수skill는 예수 그리스도이시다.

—

수 手, skill
일을 처리하는 방법이나 수완

시 31:5∼8, 11∼13, 15, 24

5 내가 나의 영을 주의 손에 부탁하나이다 진리의 하나님 여호와여 나를 속량하셨나이다

6 내가 허탄한 거짓을 숭상하는 자들을 미워하고 여호와를 의지하나이다

7 내가 주의 인자하심을 기뻐하며 즐거워할 것은 주께서 나의 고난을 보시고 환난 중에 있는 내 영혼을 아셨으며

8 나를 원수의 수중에 가두지 아니하셨고 내 발을 넓은 곳에 세우셨음이니이다

11 내가 모든 대적들 때문에 욕을 당하고 내 이웃에게서는 심히 당하니 내 친구가 놀라고 길에서 보는 자가 나를 피하였나이다

12 내가 잊어버린 바 됨이 죽은 자를 마음에 두지 아니함 같고 깨진 그릇과 같으니이다

13 내가 무리의 비방을 들었으므로 사방이 두려움으로 감싸였나이다 그들이 나를 치려고 함께 의논할 때에 내 생명을 빼앗기로 꾀하였나이다

15 나의 앞날이 주의 손에 있사오니 내 원수들과 나를 핍박하는 자들의 손에서 나를 건져 주소서

24 여호와를 바라는 너희들아 강하고 담대하라

시인 是認 | 시편 32:9~11

자신의 허물을 덮고 죄 사함을 받으며 여호와 하나님께 정죄함을 당하지
않으려면 어느 정도의 변호辯護와 재물이 필요할까?
인간 세계의 모든 지식과 모든 존재의 가치를 다 합쳐도 허물을 덮을 수
없고 죄 사함을 받을 수 없으며 하나님의 정죄를 피할 수 없다. 시32:3~4
허물을 덮고 죄 사함을 받는 길은 오직 하나님의 방법을 인정하고 시인
하는 것이다. 시32:5~8
나는 허물과 죄의 사함을 받고 하나님께 정죄함을 받지 않는 최고의 지식을
가진 누구보다 부요한 자이다. 시32:1~2
그 지식과 부요가 예수 그리스도이다.

시인 是認
어떤 사실이나 내용이 옳거나 그러하다고 인정함

시 32:1~11

1 허물의 사함을 받고 자신의 죄가 가려진 자는 복이 있도다

2 마음에 간사함이 없고 여호와께 정죄를 당하지 아니하는 자는 복이 있도다

3 내가 입을 열지 아니할 때에 종일 신음하므로 내 뼈가 쇠하였도다

4 주의 손이 주야로 나를 누르시오니 내 진액이 빠져서 여름 가뭄에 마름 같이 되었나이다(셀라)

5 내가 이르기를 내 허물을 여호와께 자복하리라 하고 주께 내 죄를 아뢰고 내 죄악을 숨기지 아니하였더니 곧 주께서 내 죄악을 사하셨나이다(셀라)

6 이로 말미암아 모든 경건한 자는 주를 만날 기회를 얻어서 주께 기도할지라 진실로 홍수가 범람할지라도 그에게 미치지 못하리이다

7 주는 나의 은신처이오니 환난에서 나를 보호하시고 구원의 노래로 나를 두르시리이다(셀라)

8 내가 네 갈 길을 가르쳐 보이고 너를 주목하여 훈계하리로다

9 너희는 무지한 말이나 노새 같이 되지 말지어다 그것들은 재갈과 굴레로 단속하지 아니하면 너희에게 가까이 가지 아니하리로다

10 악인에게는 많은 슬픔이 있으나 여호와를 신뢰하는 자에게는 인자하심이 두르리로다

11 너희 의인들아 여호와를 기뻐하며 즐거워할지어다 마음이 정직한 너희들아 다 즐거이 외칠지어다

물거품 <small>시편 33:10~12</small>

> **시편 33:10**
> 여호와께서 나라들의 계획을 폐하시며 민족들의 사상을 무효하게 하시도다

지난 2017년, 고고도미사일방어체계(THAAD, 사드) 한국 배치에 대해 중국이 과민한 반응을 보여 여러 각도로 대한민국의 입장을 어렵게 만들었다.

같은 해 심각한 총상을 입고 귀순한 북한 병사를 치료한 주치의가 환자의 건강 상태를 공개한 것에 대해 "인격 테러이자 의료법 위반 소지가 있다"라고 J당의 김 모 의원이 항의를 제기했다.
과연 중국의 지도자들과 김 의원이 목적한 것이 진정 이 땅의 평화와 인권을 위한 것인지를 묻고 싶다.

40여 년의 목회 생활을 은퇴하고 손주를 돌보며 지내시는 목사님이 사모님과 시비 거리가 생겨 언쟁이 계속되고 분위기가 심상찮은 상황이 되었는데, 옆에서 이 상황을 지켜보고 있던 5살짜리 손주 녀석이 "그만들 하세요!"라고 하는 말에 언쟁이 중단되고 웃음바다가 되었다고 한다.

—

물거품
노력이 헛되게 된 상태를 비유적으로 이루는 말이다.

강대국의 지도자들도 각 정당의 의원님들도 이제 "그만들 하세요!"

각 국가 나라들의 계획과 민족들의 사상(생각)은 여호와 하나님의 계획과
사상 앞에서는 헛된 것들이다. 시 33:10~12
많은 군대와 힘 있는 군사로는 구원 얻을 왕이 없다. 시 33:16~17
하나님은 오직 여호와를 경외하는 자, 그 인자하심을 바라는 자를 돌보
시고 구원하신다. 시 33:18~19
여호와를 경외함과 그 인자하심을 바라는 길이 예수 그리스도이다.

시 33:10~12, 16~19

10 여호와께서 나라들의 계획을 폐하시며 민족들의 사상을 무효하게 하시도다

11 여호와의 계획은 영원히 서고 그의 생각은 대대에 이르리로다

12 여호와를 자기 하나님으로 삼은 나라 곧 하나님의 기업으로 선택된 백성은 복이
   있도다

16 많은 군대로 구원 얻은 왕이 없으며 용사가 힘이 세어도 스스로 구원하지 못하는도다

17 구원하는 데에 군마는 헛되며 군대가 많다 하여도 능히 구하지 못하는도다

18 여호와는 그를 경외하는 자 곧 그의 인자하심을 바라는 자를 살피사

19 그들의 영혼을 사망에서 건지시며 그들이 굶주릴 때에 그들을 살리시는도다

적응 適應 | 시편 34:8~10

사자처럼 사납고 힘이 세고 빠른 육식동물은 굶을 일이 없어 보인다. 반면反面 온순하고 힘이 없고 느린 초식동물은 굶어 죽을 일이 많아 보인다. 그러나 초식 동물은 여전如前한 반면 육식동물은 그 개체수가 점점 줄어들고 있다. 밀림密林에서는 힘으로 사는 것이 아니다. 적응으로 사는 것이다.

신앙생활信仰生活은 적응하는 것이다. 적응은 교회 분위기와 여론에 적응하는 것이 아니다. 여호와 하나님께 적응하는 것이다.

모든 상황에서 하나님을 찬양, 경외, 의지하는 것이 곧 적응이다. 시 34:1~4, 9 젊은 사자보다 강한 자는 범사凡事에 여호와를 경외하는 자이다.

여호와 하나님께 적응하는 지식이 예수 그리스도이다.

시 34:1~4, 8~10

1 내가 여호와를 항상 송축함이여 내 입술로 항상 주를 찬양하리이다
2 내 영혼이 여호와를 자랑하리니 곤고한 자들이 이를 듣고 기뻐하리로다
3 나와 함께 여호와를 광대하시다 하며 함께 그의 이름을 높이세
4 내가 여호와께 간구하매 내게 응답하시고 내 모든 두려움에서 나를 건지셨도다
8 너희는 여호와의 선하심을 맛보아 알지어다 그에게 피하는 자는 복이 있도다
9 너희 성도들아 여호와를 경외하라 그를 경외하는 자에게는 부족함이 없도다
10 젊은 사자는 궁핍하여 주릴지라도 여호와를 찾는 자는 모든 좋은 것에 부족함이 없으리로다

구경거리 시편 35:1~9

> 시편 35:4
> 내 생명을 찾는 자들이 부끄러워 수치를 당하게 하시며 나를 상해하려 하는 자들이
> 물러가 낭패를 당하게 하소서

1990년 3월 3일, 강원도 양구군 동북쪽 26km 지점 비무장지대 군사
분계선에서 1.2km 떨어진 곳에서 북한군의 남침용 땅굴이 발견되었다.
백두산부대에서는 1992년 2월에 안보 기념관과 기념탑을 세우고 갱내
坑內시설을 일반인에게 공개하고 구경거리로 만들었다.

여호와 하나님은 나의 대적자들이 나를 넘어지게 하려고 파놓은 함정과
올무가 만민에게 구경거리가 되게 하실 것이다. 시 34:20~26

사탄의 전략, 함정과 틀과 올무가 전 세계에 구경거리가 되게 하신다.

하나님은 오직 그리스도만 섬기는 자들을 통해서 구경거리가 되게 하신다.

시 35:23~25, 28

시 35:1~9, 20~26, 28

1 여호와여 나와 다투는 자와 다투시고 나와 싸우는 자와 싸우소서

2 방패와 손 방패를 잡으시고 일어나 나를 도우소서

3 창을 빼사 나를 쫓는 자의 길을 막으시고 또 내 영혼에게 나는 네 구원이라 이르소서

4 내 생명을 찾는 자들이 부끄러워 수치를 당하게 하시며 나를 상해하려 하는 자들이
   물러가 낭패를 당하게 하소서

5 그들을 바람 앞에 겨와 같게 하시고 여호와의 천사가 그들을 몰아내게 하소서

6 그들의 길을 어둡고 미끄럽게 하시며 여호와의 천사가 그들을 뒤쫓게 하소서

7 그들이 까닭 없이 나를 잡으려고 그들의 그물을 웅덩이에 숨기며 까닭 없이 내 생명을
   해하려고 함정을 팠사오니

8 멸망이 순식간에 그에게 닥치게 하시며 그가 숨긴 그물에 자기가 잡히게 하시며 멸망
   중에 떨어지게 하소서

9 내 영혼이 여호와를 즐거워함이여 그의 구원을 기뻐하리로다

20 무릇 그들은 화평을 말하지 아니하고 오히려 평안히 땅에 사는 자들을 거짓말로 모략
    하며

21 또 그들이 나를 향하여 입을 크게 벌리고 하하 우리가 목격하였다 하나이다

22 여호와여 주께서 이를 보셨사오니 잠잠하지 마옵소서 주여 나를 멀리하지 마옵소서

23 나의 하나님, 나의 주여 떨치고 깨셔서 나를 공판하시며 나의 송사를 다스리소서

24 여호와 나의 하나님이여 주의 공의대로 나를 판단하사 그들이 나로 말미암아 기뻐
    하지 못하게 하소서

25 그들이 마음속으로 이르기를 아하 소원을 성취하였다 하지 못하게 하시며 우리가
    그를 삼켰다 말하지 못하게 하소서

26 나의 재난을 기뻐하는 자들이 함께 부끄러워 낭패를 당하게 하시며 나를 향하여
    스스로 뽐내는 자들이 수치와 욕을 당하게 하소서

28 나의 혀가 주의 의를 말하며 종일토록 주를 찬송하리이다

빛 <small>시편 36:9</small>

> **시편 36:9**
> 진실로 생명의 원천이 주께 있사오니 주의 빛 안에서 우리가 빛을 보리이다

빛은 우리 눈을 자극하여 물체를 볼 수 있게 한다.

그러므로 빛이 없으면 물체를 확인할 수가 없다.

빛이 비치지 아니하면 색깔을 구분할 수 없다.

빛은 어두움, 죄를 드러내는 복음을 상징적으로 표현하는 것이다.

요 1:1~5, 9

이 빛이 비치면 죄의 색깔이 드러난다. 시 36:1~4

이 빛을 받으면 주의 인자와 주의 의義가 드러난다. 시 36:5~7

이 빛을 소유한 자에게는 어두움이 영원히 가까이 갈 수 없다.

시 36:11~12

죄를 드러내고 주의 인자와 주의 의를 드러내는 이 빛이 그리스도 예수이다.

요 1:1~5, 9

1 태초에 말씀이 계시니라 이 말씀이 하나님과 함께 계셨으니 이 말씀은 곧 하나님이시니라

2 그가 태초에 하나님과 함께 계셨고

3 만물이 그로 말미암아 지은 바 되었으니 지은 것이 하나도 그가 없이는 된 것이 없느니라

4 그 안에 생명이 있었으니 이 생명은 사람들의 빛이라

5 빛이 어둠에 비치되 어둠이 깨닫지 못하더라

9 참 빛 곧 세상에 와서 각 사람에게 비추는 빛이 있었나니

시 36:1~9, 11~12

1 악인의 죄가 그의 마음속으로 이르기를 그의 눈에는 하나님을 두려워하는 빛이 없다 하니

2 스스로 자랑하기를 자기의 죄악은 드러나지 아니하고 미워함을 받지도 아니하리라 함이로다

3 그의 입에서 나오는 말은 죄악과 속임이라 그는 지혜와 선행을 그쳤도다

4 그는 그의 침상에서 죄악을 꾀하며 스스로 악한 길에 서고 악을 거절하지 아니하는도다

5 여호와여 주의 인자하심이 하늘에 있고 주의 진실하심이 공중에 사무쳤으며

6 주의 의는 하나님의 산들과 같고 주의 심판은 큰 바다와 같으니이다 여호와여 주는 사람과 짐승을 구하여 주시나이다

7 하나님이여 주의 인자하심이 어찌 그리 보배로우신지요 사람들이 주의 날개 그늘 아래에 피하나이다

8 그들이 주의 집에 있는 살진 것으로 풍족할 것이라 주께서 주의 복락의 강물을 마시게 하시리이다

9 진실로 생명의 원천이 주께 있사오니 주의 빛 안에서 우리가 빛을 보리이다

11 교만한 자의 발이 내게 이르지 못하게 하시며 악인들의 손이 나를 쫓아내지 못하게 하소서

12 악을 행하는 자들이 거기서 넘어졌으니 엎드러지고 다시 일어날 수 없으리이다

무기 武器 | 시편 37:4~11

시편 37:16~17
의인의 적은 소유가 악인의 풍부함보다 낫도다
악인의 팔은 부러지나 의인은 여호와께서 붙드시는도다

전쟁에서의 실력은 무기이다.

싸움에서 이기려면 상대보다 더 뛰어난 전술과 좋은 무기가 필요하다.

악하고 불의不義하여 형통한 자를 대적하여 이기는 무기는 여호와를
기뻐하고 의지하며 참고 기다리는 것이다. 시 37:1~11

악인의 모든 능력을 소멸消滅시키는 무기는 의인이다. 시 37:16~18

하나님의 은혜로 죄인이 의인된 것이 싸움에서 이기는 최고의 무기이다.
시 37:25, 39~40

악한 자와의 싸움에서 백전백승의 무기는 그리스도 안에서 된 의인이다.

시 37:1~11, 16~18, 25, 39, 40

1 악을 행하는 자들 때문에 불평하지 말며 불의를 행하는 자들을 시기하지 말지어다

2 그들은 풀과 같이 속히 베임을 당할 것이며 푸른 채소 같이 쇠잔할 것임이로다

3 여호와를 의뢰하고 선을 행하라 땅에 머무는 동안 그의 성실을 먹을 거리로 삼을지어다

4 또 여호와를 기뻐하라 그가 네 마음의 소원을 네게 이루어 주시리로다

5 네 길을 여호와께 맡기라 그를 의지하면 그가 이루시고

6 네 의를 빛 같이 나타내시며 네 공의를 정오의 빛 같이 하시리로다

7 여호와 앞에 잠잠하고 참고 기다리라 자기 길이 형통하며 악한 꾀를 이루는 자 때문에 불평하지 말지어다

8 분을 그치고 노를 버리며 불평하지 말라 오히려 악을 만들 뿐이라

9 진실로 악을 행하는 자들은 끊어질 것이나 여호와를 소망하는 자들은 땅을 차지하리로다

10 잠시 후에는 악인이 없어지리니 네가 그곳을 자세히 살필지라도 없으리로다

11 그러나 온유한 자들은 땅을 차지하며 풍성한 화평으로 즐거워하리로다

16 의인의 적은 소유가 악인의 풍부함보다 낫도다

17 악인의 팔은 부러지나 의인은 여호와께서 붙드시는도다

18 여호와께서 온전한 자의 날을 아시나니 그들의 기업은 영원하리로다

25 내가 어려서부터 늙기까지 의인이 버림을 당하거나 그의 자손이 걸식함을 보지 못하였도다

39 의인들의 구원은 여호와로부터 오나니 그는 환난 때에 그들의 요새 이시로다

40 여호와께서 그들을 도와 건지시되 악인들에게서 건져 구원하심은 그를 의지한 까닭이로다

성도의 궁극적 구원 시편 38:21~22

> 시편 38:21~22
> 여호와여 나를 버리지 마소서 나의 하나님이여 나를 멀리하지 마소서
> 속히 나를 도우소서 주 나의 구원이시여

인간 스스로는 절대 구원에 이를 수 없다.

인간의 전적 부패 – Total Depravity

그러므로 한 사람으로 말미암아 죄가 세상에 들어오고 죄로 말미암아
사망이 들어왔나니 이와 같이 모든 사람이 죄를 지었으므로 사망이 모든
사람에게 이르렀느니라 롬 5:12

죄와 허물로 죽었던 너희를 살리셨도다 엡 2:1

그래서 하나님의 선택에는 아무런 조건이 없다.

무조건적 선택 – Unconditional Election

곧 창세 전에 그리스도 안에서 우리를 택하사 우리로 사랑 안에서 그 앞에
거룩하고 흠이 없게 하시려고 그 기쁘신 뜻대로 우리를 예정하사 예수
그리스도로 말미암아 자기의 아들들이 되게 하셨으니 엡 1:4~5

그러나 그리스도의 구속 사역은 오직 택한 자를 위한 것이다.

제한된 구속 – Limited Atonement

아들을 낳으리니 이름을 예수라 하라 그가 자기 백성을 그들의 죄에서
구원할 자이심이라 하니라 마 1:21

하나님이 미리 아신 자들을 또한 그 아들의 형상을 본받게 하기 위하여

미리 정하셨으니 이는 그로 많은 형제 중에서 맏아들이 되게 하려 하심
이니라 또 미리 정하신 그들을 또한 부르시고 부르신 그들을 또한
의롭다 하시고 의롭다 하신 그들을 또한 영화롭게 하셨느니라 롬 8:29~30

그러므로 하나님의 부르심에는 거부할 수 없다.

불가항력적 은혜 – Irresistible Grace

이와 같이 성령도 우리의 연약함을 도우시나니 우리는 마땅히 기도할
바를 알지 못하나 오직 성령이 말할 수 없는 탄식으로 우리를 위하여 친히
간구하시느라 마음을 살피시는 이가 성령의 생각을 아시나니 이는 성령
이 하나님의 뜻대로 성도를 위하여 간구하심이니라 우리가 알거니와 하
나님을 사랑하는 자 곧 그의 뜻대로 부르심을 입은 자들에게는 모든 것
이 합력하여 선을 이루느니라 롬 8:26~28

이렇게 구원 받은 성도는 하나님께서 끝까지 지키시고 인도하신다.

성도의 견인 – Perseverance of Saints

내가 그들에게 영생을 주노니 영원히 멸망하지 아니할 것이요 또 그들을
내 손에서 빼앗을 자가 없느니라 그들을 주신 내 아버지는 만물보다
크시매 아무도 아버지 손에서 빼앗을 수 없느니라 요 10:28~29

하나님의 은사와 부르심에는 후회하심이 없느니라 롬 11:29

너희 안에서 착한 일을 시작하신 이가 그리스도 예수의 날까지 이루실
줄을 우리는 확신하노라 빌 1:6

때로는 시험에 빠지기도 하고 낙심도 하지만 그럼에도 그 어떤 세력도
예수 그리스도의 완전함 가운데서 분리시킬 수 없다. 롬 8:33~39

시 38:21~22

21 여호와여 나를 버리지 마소서 나의 하나님이여 나를 멀리하지 마소서

22 속히 나를 도우소서 주 나의 구원이시여

롬 8:33~39

33 누가 능히 하나님께서 택하신 자들을 고발하리요 의롭다 하신 이는 하나님이시니

34 누가 정죄하리요 죽으실 뿐 아니라 다시 살아나신 이는 그리스도 예수시니 그는 하나님 우편에 계신 자요 우리를 위하여 간구하시는 자시니라

35 누가 우리를 그리스도의 사랑에서 끊으리요 환난이나 곤고나 박해나 기근이나 적신이나 위험이나 칼이랴

36 기록된 바 우리가 종일 주를 위하여 죽임을 당하게 되며 도살 당할 양 같이 여김을 받았나이다 함과 같으니라

37 그러나 이 모든 일에 우리를 사랑하시는 이로 말미암아 우리가 넉넉히 이기느니라

38 내가 확신하노니 사망이나 생명이나 천사들이나 권세자들이나 현재 일이나 장래 일이나 능력이나

39 높음이나 깊음이나 다른 어떤 피조물이라도 우리를 우리 주 그리스도 예수 안에 있는 하나님의 사랑에서 끊을 수 없으리라

대한민국 원조 샐러리맨의 신화 시편 39:5~7

시편 39:6~7
진실로 사람은 그림자 같이 다니고 헛된 일로 소란하며 재물을 쌓으나 누가 거둘는지
알지 못하나이다 주여 이제 내가 무엇을 바라리요 나의 소망은 주께 있나이다

'대한민국 원조 샐러리맨의 신화.'

지금은 사라진 대우그룹의 김우중 전 회장을 지칭하는 수식어다.

1967년, 김우중 전 회장이 32세의 나이에 고작 자본금 5백만 원으로
시작한 대우실업은 15년 만인 1982년, 국내 재계 4위 (주)대우가 되었다.
과연 그를 충분히 신화라 말할 만하다.

그러나 지금은 그의 이름 앞에 다른 수식어가 붙는다. 분식회계, 사기
대출, 횡령, 국외 재산 도피. 그는 이 혐의로 징역 8년 6개월, 벌금 1천만 원,
추징금 17조 9253억 원의 형을 선고받았으나 노무현 대통령 임기 말 특별
사면으로 풀려났다.

그럼에도 불구하고 김우중 씨는 '아직도 세계는 넓고 할 일은 많다'라는
회고록을 출간하고 이런저런 모임을 이끌며, 추징금도 납부하지 않고
가족들과 함께 사회적 지위와 부를 누리며 잘 살고 있다.

성경은 한 사람의 사업윤리와 부도덕한 삶을 지적하지 않는다.

영적 존재인 인간의 영적 상태를 묻는다.

주님이 보실 때 인생은 한 뼘 길이도 안 되며 인간의 모든 행적은 그림자에
불과하다. 시 39:5~6

그렇다면 나의 바람은 '오직 그리스도가 소망이 되기를'. 시 39:7

시 39:5~7

5 주께서 나의 날을 한 뼘 길이만큼 되게 하시매 나의 일생이 주 앞에는 없는 것 같사
　 오니 사람은 그가 든든히 서있는 때에도 진실로 모두가 허사뿐이니이다(셀라)

6 진실로 각 사람은 그림자 같이 다니고 헛된 일로 소란하며 재물을 쌓으나 누가 거둘
　 는지 알지 못하나이다

7 주여 이제 내가 무엇을 바라리요 나의 소망은 주께 있나이다

기 氣, spirit | 시 40:1~4

사람이 살아 움직이는 원동력을 기氣라고 한다.

기가 막히면 우리 몸에 여러 가지 문제가 생긴다.

기가 막히면 화火가 난다.

기가 막히면 호흡도 어려워진다.

기가 막히면 모든 관계도 무너진다.

질병은 체내에 있는 기가 순조롭게 돌지 않을 때 생긴다.

그래서 한의학에서는 치료의 핵심을 엉킨 기氣, 막힌 맥脈을 소통시키는 행위에 둔다.

여호와 하나님께서 복음을 주셔서 기가 막힐 모든 문제에서 나를 건지시고 어떤 사건도 기가 막힐 이유가 없게 하신다. 시 40:2

복음은 하나님과 소통疏通하는 기이다.

복음은 모든 인간관계를 회복시키는 기이다.

복음은 현장과 시대의 재앙을 막는 기이다.

하나님께 집중하고 예배할 때 기가 살아난다. 시 40:1, 3~4

하나님이 보내신 그 기Spirit가 예수 그리스도이다.

시 40:1~4

1 내가 여호와를 기다리고 기다렸더니 귀를 기울이사 나의 부르짖음을 들으셨도다

2 나를 기가 막힐 웅덩이와 수렁에서 끌어올리시고 내 발을 반석 위에 두사 내 걸음을 견고하게 하셨도다

3 새 노래 곧 우리 하나님께 올릴 찬송을 내 입에 두셨으니 많은 사람이 보고 두려워하여 여호와를 의지하리로다

4 여호와를 의지하고 교만한 자와 거짓에 치우치는 자를 돌아보지 아니하는 자는 복이 있도다

보응 報應 | 시편 41:10~13

시 41:10
그러하오나 주 여호와여 내게 은혜를 베푸시고 나를 일으키사
내가 그들에게 보응하게 하소서

나에 대한 하나님의 보응은 더 깊은 은혜 속으로 들어가게 하는 것이다.
시 41:10

하나님의 보응은 온전하여 영원히 주 앞에 세우시는 것이다. 시 41:12~13

하나님의 보응은 복음福音만 남게 하는 것이다.

—

보응 報應
선한 일과 악한 일의 원인과 결과에 따라 행한 대로 갚음을 받는다는 것

시 41:10~13

10 그러하오나 주 여호와여 내게 은혜를 베푸시고 나를 일으키사 내가 그들에게 보응
  하게 하소서 이로써

11 내 원수가 나를 이기지 못하오니 주께서 나를 기뻐하시는 줄을 내가 알았나이다

12 주께서 나를 온전한 중에 붙드시고 영원히 주 앞에 세우시나이다

13 이스라엘의 하나님 여호와를 영원부터 영원까지 송축할지로다 아멘 아멘

내 영혼의 처소 <small>시편 42:1~5</small>

산 짐승은 산속에 있을 때가 가장 안전하고 평안하다.

사람이 불안해 하고 낙심하는 것은 영혼이 다른 것을 만나고 있기 때문

이다. 시 42:3~4, 10

내 영혼은 하나님을 만날 때, 가장 평안하고 힘이 난다. 시 40:5, 11

오직 내 영혼이 주님만 갈급하기를 소원한다. 시 42:1~2, 8

시 42:1~5, 8, 10~11

1 하나님이여 사슴이 시냇물을 찾기에 갈급함 같이 내 영혼이 주를 찾기에 갈급하니이다

2 내 영혼이 하나님 곧 살아 계시는 하나님을 갈망하나니 내가 어느 때에 나아가서 하나님의 얼굴을 뵈올까

3 사람들이 종일 내게 하는 말이 네 하나님이 어디 있느뇨 하오니 내 눈물이 주야로 내 음식이 되었도다

4 내가 전에 성일을 지키는 무리와 동행하여 기쁨과 감사의 소리를 내며 그들을 하나님의 집으로 인도하였더니 이제 이 일을 기억하고 내 마음이 상하는도다

5 내 영혼아 네가 어찌하여 낙심하며 어찌하여 내 속에서 불안해 하는가 너는 하나님께 소망을 두라 그가 나타나 도우심으로 말미암아 내가 여전히 찬송하리로다

8 낮에는 여호와께서 그의 인자하심을 베푸시고 밤에는 그의 찬송이 내게 있어 생명의 하나님께 기도하리로다

10 내 뼈를 찌르는 칼 같이 내 대적이 나를 비방하여 늘 내게 말하기를 네 하나님이 어디 있느냐 하도다

11 내 영혼아 네가 어찌하여 낙심하며 어찌하여 내 속에서 불안해 하는가 너는 하나님께 소망을 두라 나는 그가 나타나 도우심으로 말미암아 내 하나님을 여전히 찬송하리로다

주님의 처소 시편 43:1~5

'에어포스원Air Force One'은 1997년에 개봉된 영화이다.

미국과 소련의 합동작전으로 시대의 테러범이자 독재자인 라덱 장군이 체포된 후 미국 대통령은 러시아에서 감동적인 연설을 하고, 아내와 딸과 함께 워싱턴으로 돌아가기 위해 에어포스원에 오른다.

그러나 그 비행기는 러시아의 저널리스트로 위장한 테러리스트에 의해 공중 납치를 당한다. 이들의 목적은 억류 중인 독재자 라덱 장군을 석방 시키는 것이다.

미국은 막강한 군사력도 속수무책인 난감한 상황에 봉착한다. 우여곡절 끝에 주인공은 테러범을 물리치고 위험한 상황에 놓인 대통령 전용기에 서 급파된 화물수송기로 공중에서 옮겨 타게 된다.

"This is Air Force One" 미 공군 소속 화물수송기와 미국 워싱턴 D.C 백악관에 설치된 상황실과의 무전 내용이다. 이것은 사건이 종료된 것 과 대통령의 신원이 안전하다는 의미의 메시지이다.

화물수송기라도 미국 대통령이 타고 있는 비행기가 '에어포스원'이 되듯이 우리 주님이 거하시는 그곳이 곧 주님의 처소이다.

내가 아무리 부족하고 허름한 자라 할지라도 나는 주님이 계시는 처소 이다. 시 43:3~5, 고후 4:7~10, 고전 3:16

에어포스원 Air Force One
하늘의 백악관이라고 불리는 미국 대통령 전용기에 붙여진 이름이다.

시 43:1~5

1 하나님이여 나를 판단하시되 경건하지 아니한 나라에 대하여 내 송사를 변호하시며 간사하고 불의한 자에게서 나를 건지소서

2 주는 나의 힘이 되신 하나님이시거늘 어찌하여 나를 버리셨나이까 내가 어찌하여 원수의 억압으로 말미암아 슬프게 다니나이까

3 주의 빛과 주의 진리를 보내시어 나를 인도하시고 주의 거룩한 산과 주께서 계시는 곳에 이르게 하소서

4 그런즉 내가 하나님의 제단에 나아가 나의 큰 기쁨의 하나님께 이르리이다 하나님 이여 나의 하나님이여 내가 수금으로 주를 찬양하리이다

5 내 영혼아 네가 어찌하여 낙심하며 어찌하여 내 속에서 불안해 하는가 너는 하나님께 소망을 두라 그가 나타나 도우심으로 말미암아 내 하나님을 여전히 찬송하리로다

고후 4:7~10

7 우리가 이 보배를 질그릇에 가졌으니 이는 심히 큰 능력은 하나님께 있고 우리에게 있지 아니함을 알게 하려 함이라

8 우리가 사방으로 우겨쌈을 당하여도 싸이지 아니하며 답답한 일을 당하여도 낙심하지 아니하며

9 박해를 받아도 버린 바 되지 아니하며 거꾸러뜨림을 당하여도 망하지 아니하고

10 우리가 항상 예수의 죽음을 몸에 짊어짐은 예수의 생명이 또한 우리 몸에 나타나게 하려 함이라

고전 3:16

너희는 너희가 하나님의 성전인 것과 하나님의 성령이 너희 안에 계시는 것을 알지 못하느냐

참 교육 <small>시편 44:1~8</small>

> 시편 44:1
> 하나님이여 주께서 우리 조상들의 날 곧 옛날에 행하신 일을
> 그들이 우리에게 일러 주매 우리가 우리 귀로 들었나이다

기독교의 신앙은 개인의 체험이나 환경 속에서 하나님을 찾고 만나는
것이 아니다.

성경에서 하나님을 찾고 만나는 것이다.

성경에서 만나는 하나님은 언약言約의 하나님이시다.

그 언약은 인간과 합의적 언약이 아니다.

그 언약은 여호와의 절대적 권위와 감당할 수 없는 능력에 의해 일방적
으로 하신 약속이다.

그러나 그 언약은 독재자의 행위가 아니다.

그 언약은 전능하신 하나님의 지혜를 따라 자기 백성의 구원과 보호, 영원한
승리를 위한 행위적 언약이다.

이 언약의 하나님을 후대에게 전달하는 것이 참 교육이다. 시 44:1

그것이 렘넌트 운동Remnant Movement이다.

그 언약이 곧 예수 그리스도이시다. 시 44:2~8

시 44:1~8

1 하나님이여 주께서 우리 조상의 날 곧 옛날에 행하신 일을 그들이 우리에게 일러 주매 우리가 우리 귀로 들었나이다

2 주께서 주의 손으로 뭇 백성을 내쫓으시고 우리 조상들을 이 땅에 뿌리박게 하시며 주께서 다른 민족들은 고달프게 하시고 우리 조상들은 번성하게 하셨나이다

3 그들이 자기 칼로 땅을 얻어 차지함이 아니요 그들의 팔이 그들을 구원함도 아니라 오직 주의 오른손과 주의 팔과 주의 얼굴의 빛으로 하셨으니 주께서 그들을 기뻐하신 까닭이니이다

4 하나님이여 주는 나의 왕이시니 야곱에게 구원을 베푸소서

5 우리가 주를 의지하여 우리 대적을 누르고 우리를 치러 일어나는 자를 주의 이름으로 밟으리이다

6 나는 내 활을 의지하지 아니할 것이라 내 칼이 나를 구원하지 못하리이다

7 오직 주께서 우리를 우리 원수들에게서 구원하시고 우리를 미워하는 자로 수치를 당하게 하셨나이다

8 우리가 종일 하나님을 자랑하였나이다 우리는 하나님의 이름에 영원히 감사하리이다 (셀라)

왕 The Different King | 시편 45:2~7

시편 45:5
왕의 화살은 날카로워 왕의 원수의 염통을 뚫으니 만민이 왕의 앞에 엎드러지는도다

우리 왕은 왕들 중의 왕King of Kings이 아니다.

다른 왕The Different King이시다.

믿음과 지혜와 영적 지식을 겸비한 왕들 중의 왕이었던 다윗도 우리 왕을
증거하고 의지했다.

우리 왕은 세상 왕들의 왕, 마귀의 힘과 권세를 묶고 멸하신 왕이시다. 시 45:5

우리 왕의 이름은 예수 여호와이시다.

우리 왕의 직분은 그리스도이시다.

우리 왕王은 영원한 왕王이시다. 시 45:17

시 45:2~7, 17

2 왕은 사람들보다 아름다워 은혜를 입술에 머금으니 그러므로 하나님이 왕에게 영원히 복을 주시도다

3 용사여 칼을 허리에 차고 왕의 영화와 위엄을 입으소서

4 왕은 진리와 온유와 공의를 위하여 왕의 위엄을 세우시고 병거에 오르소서 왕의 오른손이 왕에게 놀라운 일을 가르치리이다

5 왕의 화살은 날카로워 왕의 원수의 염통을 뚫으니 만민이 왕의 앞에 엎드러지는도다

6 하나님이여 주의 보좌는 영원하며 주의 나라의 규는 공평한 규이니이다

7 왕은 정의를 사랑하고 악을 미워하시니 그러므로 하나님 곧 왕의 하나님이 즐거움의 기름을 왕에게 부어 왕의 동료보다 뛰어나게 하셨나이다

17 내가 왕의 이름을 만세에 기억하게 하리니 그러므로 만민이 왕을 영원히 찬송하리로다

싸우지 않고 이기는 기술 시편 46:9~11

> 시편 46:10
> 이르시기를 너희는 가만히 있어 내가 하나님 됨을 알지어다 내가 뭇 나라 중에서 높임
> 을 받으리라 내가 세계 중에서 높임을 받으리라 하시도다

묵자墨子는 묵가墨家를 통해 싸우지 않고 이기는 방법을 '인재 관리의 기술'
이라고 했다. 능력 있는 자는 신분을 논하지 말고 등용하여 관직에 두어야
한다는 의미이다.

싸워서 이기는 기술은 영구적이지 못한다.

우리 주님은 우리가 싸우지 않고 이기도록 이미 이겨 놓으셨다.

우리의 기술은 대적자들의 칼과 창과 수레를 쓸모없게 만드신 하나님을
믿는 것이다. 시 46:8~9

대적자들 앞에서 '가만히 있음'은 싸우지 않고 이기는 기술이다. 시 46:10,
출 14:13~14

나의 '가만히 있음'은 그리스도의 비밀을 누리는 것이다.

묵자 墨子
중국 전국시대 초기의 사상가

묵가 墨家
묵자의 사상이 담긴 책

시 46:8∼11

8 와서 여호와의 행적을 볼지어다 그가 땅을 황무지로 만드셨도다

9 그가 땅 끝까지 전쟁을 쉬게 하심이여 활을 꺾고 창을 끊으며 수레를 불사르시는도다

10 이르시기를 너희는 가만히 있어 내가 하나님 됨을 알지어다 내가 뭇 나라 중에서 높임을 받으리라 내가 세계 중에서 높임을 받으리라 하시도다

11 만군의 여호와께서 우리와 함께 하시니 야곱의 하나님은 우리의 피난처시로다(셀라)

출 14:13∼14

13 모세가 백성에게 이르되 너희는 두려워하지 말고 가만히 서서 여호와께서 오늘 너희를 위하여 행하시는 구원을 보라 너희가 오늘 본 애굽 사람을 영원히 다시 보지 아니하리라

14 여호와께서 너희를 위하여 싸우시리니 너희는 가만히 있을지니라

오직 한분 그분에게만 찬송을 시편 47:6~7

> 시편 47:6
> 찬송하라 하나님을 찬송하라 찬송하라 우리 왕을 찬송하라

나의 찬송이신 여호와 하나님은 스스로 계신, 지존至尊의 하나님이시다.
시 47:1

나의 찬송이신 여호와 하나님은 만민과 모든 나라를 우리의 응답應答, 기업
으로 주신 하나님이시다. 시 47:3~4

나의 찬송이신 여호와 하나님은 죄책감에서 나를 구원하신 하나님이
아니다. 죄책감과 상관없는 죄에서 은혜의 복음으로 구원하신 하나님이
시다. 롬 5:12, 14

나의 찬송이신 여호와 하나님은 나를 구원의 공동체로 부르신 하나님이
시다. 시 47:9

—

죄책감
양심의 소리

죄
하나님의 소리

시 47:1, 3, 4, 6, 7, 9

1 너희 만민들아 손바닥을 치고 즐거운 소리로 하나님께 외칠지어다

3 여호와께서 만민을 우리에게, 나라들을 우리 발 아래에 복종하게 하시며

4 우리를 위하여 기업을 택하시나니 곧 사랑하신 야곱의 영화로다(셀라)

6 찬송하라 하나님을 찬송하라 찬송하라 우리 왕을 찬송하라

7 하나님은 온 땅의 왕이심이라 지혜의 시로 찬송할지어다

9 뭇 나라의 고관들이 모임이여 아브라함의 하나님의 백성이 되도다 세상의 모든 방패는
하나님의 것임이여 그는 높임을 받으시리로다

롬 5:12, 14

12 그러므로 한 사람으로 말미암아 죄가 세상에 들어오고 죄로 말미암아 사망이 들어왔
나니 이와 같이 모든 사람이 죄를 지었으므로 사망이 모든 사람에게 이르렀느니라

14 그러나 아담으로부터 모세까지 아담의 범죄와 같은 죄를 짓지 아니한 자들까지도
사망이 왕 노릇 하였나니 아담은 오실 자의 모형이라

최후의 사명 시편 48:1~3, 12~14

시편 48:12~14
너희는 시온을 돌면서 그곳을 둘러보고 그 망대들을 세어 보라
그의 성벽을 자세히 보고 그의 궁전을 살펴서 후대에 전하라
이 하나님은 영원히 우리 하나님이시니 그가 우리를 죽을 때까지 인도하시리로다

스포츠 센터 화재로 인한 사망, 인기 연예인의 죽음, 12세 아이의 자살
시도 등. 세상은 지금 자살, 살인, 사망, 거짓말, 미움, 시기, 집착, 중독,
우울증과 질병, 재앙과 저주로 시달리고 있다.

어느 곳, 어느 것에도 완전함은 없다. 세상 임금 마귀가 최악의 발악을
하고 있다.

우리 하나님의 성, 거룩한 산, 큰 왕의 성 시온 산만 완전한 요새이다. 시 48:1~3

세상과 세상을 의지하던 자들은 곧 심판과 멸망을 받게 된다. 시 48:4~7

세상을 이기고 승리하신 거룩한 큰 성, 시온 산의 실체이신 그리스도의
비밀을 후대에게 전달하는 것이 우리의 최후 사명이다. 시 48:12~14

시 48:1~7

1 여호와는 위대하시니 우리 하나님의 성, 거룩한 산에서 극진히 찬양받으시리로다

2 터가 높고 아름다워 온 세계가 즐거워함이여 큰 왕의 성 곧 북방에 있는 시온 산이
  그러하도다

3 하나님이 그 여러 궁중에서 자기를 요새로 알리셨도다

4 왕들이 모여서 함께 지나갔음이여

5 그들이 보고 놀라고 두려워 빨리 지나갔도다

6 거기서 떨림이 그들을 사로잡으니 고통이 해산하는 여인의 고통 같도다

7 주께서 동풍으로 다시스의 배를 깨뜨리시도다

용도 用途 | 시편 49:2

시편 49:2
귀천 빈부를 막론하고 다 들을지어다

토지나 건물은 법적 절차를 밟으면 소유자의 필요에 따라 원래의 용도에서 다른 용도로 변경하여 사용할 수 있다.

원래 인간의 용도는 하나님의 영광을 위한 것이며, 인간이 가진 모든 소유는 그 영광을 위한 도구이다. 사 43:7, 고전 10:31

그런데 사단이 인간의 의지를 악용하여 불법으로 인간의 용도를 변경하였다. 창 3:5

그리고 모든 기능을 불법에 사용한 것이다. 창 6:1~4, 창 11:4

인간은 원래의 용도로 변경되어야 한다.

그러나 재물이나 권력, 학력을 가지고는 변경될 수 없다. 시 49:6~8

하나님의 지혜, 하나님의 명철이신 '그리스도'만이 원래 인간의 용도를 회복시킬 수 있다.

그리스도 안에서 용도가 바뀐 하나님의 자녀는 자신이 가진 모든 기능이 하나님의 뜻을 이루는 축제에 사용되기를 기도해야 한다. 시 49:18~20

용도 用途
존재하고 있는 모든 사물이 가진 원래의 가치를 말한다.

시 49:1~14

1 뭇 백성들아 이를 들으라 세상의 거민들아 모두 귀를 기울이라

2 귀천 빈부를 막론하고 다 들을지어다

3 내 입은 지혜를 말하겠고 내 마음은 명철을 작은 소리로 읊조리리로다

4 내가 비유에 내 귀를 기울이고 수금으로 나의 오묘한 말을 풀리로다

5 죄악이 나를 따라다니며 나를 에워싸는 환난의 날을 내가 어찌 두려워하랴

6 자기의 재물을 의지하고 부유함을 자랑하는 자는

7 아무도 자기의 형제를 구원하지 못하며 그를 위한 속전을 하나님께 바치지도 못할 것은

8 그들의 생명을 속량하는 값이 너무 엄청나서 영원히 마련하지 못할 것임이니라

9 그가 영원히 살아서 죽음을 보지 않을 것인가

10 그러나 그는 지혜 있는 자도 죽고 어리석고 무지한 자도 함께 망하며 그들의 재물은 남에게 남겨 두고 떠나는 것을 보게 되리로다

11 그러나 그들의 속 생각에 그들의 집은 영원히 있고 그들의 거처는 대대에 이르리라 하여 그들의 토지를 자기 이름으로 부르도다

12 사람은 존귀하나 장구하지 못함이여 멸망하는 짐승 같도다

13 이것이 바로 어리석은 자들의 길이며 그들의 말을 기뻐하는 자들의 종말이로다(셀라)

14 그들은 양 같이 스올에 두기로 작정되었으니 사망이 그들의 목자일 것이라 정직한 자들이 아침에 그들을 다스리리니 그들의 아름다움은 소멸하고 스올이 그들의 거처가 되리라

시 18~20

18 그가 비록 생시에 자기를 축하하며 스스로 좋게 함으로 사람들에게 칭찬을 받을지
라도

19 그들은 그들의 역대 조상들에게로 돌아가리니 영원히 빛을 보지 못하리로다

20 존귀하나 깨닫지 못하는 사람은 멸망하는 짐승 같도다

창 3:5

5 너희가 그것을 먹는 날에는 너희 눈이 밝아져 하나님과 같이 되어 선악을 알 줄
하나님이 아심이니라

창 6:1~4

1 사람이 땅 위에 번성하기 시작할 때에 그들에게서 딸들이 나니

2 하나님의 아들들이 사람의 딸들의 아름다움을 보고 자기들이 좋아하는 모든 여자를
아내로 삼는지라

3 여호와께서 이르시되 나의 영이 영원히 사람과 함께 하지 아니하리니 이는 그들이
육신이 됨이라 그러나 그들의 날은 백이십 년이 되리라 하시니라

4 당시에 땅에는 네피림이 있었고 그 후에도 하나님의 아들들이 사람의 딸들에게로
들어와 자식을 낳았으니 그들은 용사라 고대에 명성이 있는 사람들이었더라

창 11:4

4 또 말하되 자, 성읍과 탑을 건설하여 그 탑 꼭대기를 하늘에 닿게 하여 우리 이름을 내고 온 지면에 흩어짐을 면하자 하였더니

사 43:7

내 이름으로 불려지는 모든 자 곧 내가 내 영광을 위하여 창조한 자를 오게 하라 그를 내가 지었고 그를 내가 만들었느니라

고전 10:31

그런즉 너희가 먹든지 마시든지 무엇을 하든지 다 하나님의 영광을 위하여 하라

서원 誓願

시편 50:5
이르시되 나의 성도들을 내 앞에 모으라
그들은 제사로 나와 언약한 이들이니라 하시도다

내가 하나님께 서원한 것은 하나님께 도움이 되는 일을 하겠다는 서원이
아니다.

하나님께서 제사로 나와 언약하신 그 언약을 따라 살겠다는 서원이다.

하나님께서 제사로 나와 언약하신 그 언약은 예수가 그리스도라는 것이다.

언약의 하나님은 내가 제물과 수소와 숫염소를 드리겠다는 서원을 듣지
않으신다. 시 50:7~12

오직 예수가 그리스도이시며, 하나님의 유일한 방법이 되심에 대한 서원을
갚기 원하신다. 시 50:14~15

나는 매일 그 서원을 하나님께 갚을 것이다. 시 50:22~23

그것은 항상 그리스도를 통해서 하나님께 나아가는 것이다.

서원 誓願
자기 마음속에 맹세하여 소원을 세우는 하나님에 대한 약속

시 50:5, 7~12, 14~15, 20~23

5 이르시되 나의 성도들을 내 앞에 모으라 그들은 제사로 나와 언약한 이들이니라
하시도다

7 내 백성아 들을지어다 내가 말하리라 이스라엘아 내가 네게 증언하리라 나는 하나님
곧 네 하나님이로다

8 나는 네 제물 때문에 너를 책망하지는 아니하리니 네 번제가 항상 내 앞에 있음이로다

9 내가 네 집에서 수소나 네 우리에서 숫염소를 가져가지 아니하리니

10 이는 삼림의 짐승들과 뭇 산의 가축이 다 내 것이며

11 산의 모든 새들도 내가 아는 것이며 들의 짐승도 내 것임이로다

12 내가 가령 주려도 네게 이르지 아니할 것은 세계와 거기에 충만한 것이 내 것임이로다

14 감사로 하나님께 제사를 드리며 지존하신 이에게 네 서원을 갚으며

15 환난 날에 나를 부르라 내가 너를 건지리니 네가 나를 영화롭게 하리로다

22 하나님을 잊어버린 너희여 이제 이를 생각하라 그렇지 아니하면 내가 너희를 찢으
리니 건질 자 없으리라

23 감사로 제사를 드리는 자가 나를 영화롭게 하나니 그의 행위를 옳게 하는 자에게 내가
하나님의 구원을 보이리라

우슬초

시편 51:7
우슬초로 나를 정결하게 하소서 내가 정하리이다
나의 죄를 씻어 주소서 내가 눈보다 희리이다

2007년 개봉한 영화 '밀양'은 주연 배우 전도연이 한국 영화배우 최초로 칸영화제 여우주연상을 수상하며 큰 화제가 되었던 작품이다.

밀양의 줄거리는 이러하다. 교통사고로 남편을 잃은 신애(전도연)가 아들과 함께 남편의 고향 밀양으로 내려오면서 시작한다.

피아노 학원을 개원한 신애는 수중에 가진 것이 없었으나 무슨 연유에서인지 형편이 넉넉하다며 과시했고, 이는 결국 아들의 유괴와 사망으로 이어진다. 절망에 빠진 그녀는 동네 약국의 약사로부터 교회 출석을 권유받아 신앙생활을 시작하면서 자신의 아들을 죽인 범인을 용서하기로 결심하고 그를 면회하러 간다. 그러나 신애는 그로부터 충격적인 고백을 듣게 된다. '저는 이미 하나님께 용서를 받았습니다.' 용서를 구하고 용서해야 할 대상이 자신이 아니라, 하나님께 용서를 구하고 회개했다고 하면서 평안한 얼굴로 살아가는 범인을 보고 신애는 크게 분노하고 하나님을 부정하며, 항의한다.

이 영화는 성경 속에 다윗이 우리아의 아내를 빼앗은 후 취한 자세와 비슷하다. 아내를 빼앗기고 결국 죽음을 맞이한 우리아 장군. 그의 측근이

우슬초
박하과의 향기 좋은 약용식물로 가지와 꽃줄기에 털이 많아 물을 잘 흡수하며,
거룩한 예식 곧 정결 의식 때 물이나 피를 적셔 뿌리는 도구로 사용했다.

보기에 다윗은 영화 속 신애의 아들을 죽인 범인과 다름없는 범죄자일

것이다.

그런데 다윗은 이렇게 고백한다.

"내가 주께만 범죄하여 주의 목전에 악을 행하였사오니 주께서 말씀하실 때에 의로우시다 하고 주께서 심판하실 때에 순전하시다 하리이다." 시 51:4

이는 영화 속 범인의 것과 같은 고백이다.

그렇다. 인간은 하나님 앞에서만 죄인이며, 인간의 죄를 사하시는 분은 오직 하나님이시다. 그러므로 하나님에게만 우리 죄를 자백하고 사함을 받을 수 있다. 다른 사람이 자신에게 용서를 구하기를 바라는 사람은 자신이 하나님을 대신하려는 것이다.

하나님의 우슬초, 그리스도의 죽음만 우리 죄를 사하는 능력이다. 시 51:7

시 51:4, 7

4 내가 주께만 범죄하여 주의 목전에 악을 행하였사오니 주께서 말씀하실 때에 의로
우시다 하고 주께서 심판하실 때에 순전하시다 하리이다

7 우슬초로 나를 정결하게 하소서 내가 정하리이다 나의 죄를 씻어 주소서 내가 눈보다
희리이다

특혜 시편 52:7~9

> 시편 52:8
> 그러나 나는 하나님의 집에 있는 푸른 감람나무 같음이여 하나님의 인자하심을 영원
> 히 의지하리로다

지역 도민이나 보험 가입자와 같이 사회적 지위나 신분에 따라서 여러
혜택들이 적용되곤 한다.

하나님을 힘으로 삼지 아니하고 재물의 풍성함을 힘으로 삼는 자에게
주어진 특혜는 영원하고 완전한 심판이다. 시 52:5~7

하나님 자녀의 신분을 가진 자는 낙심되는 일이나 원망스러운 경험, 혹은
악한 계획에 몰리는 일을 당하거나 말에 대한 실수가 있어도 악한 영이
역사할 수 없다.

오히려 하나님의 성령이 역사하신다.

하나님의 인자하심을 깨닫게 하신다. 시 52:8

복음으로 더 견고하게 하신다. 시 52:9

이것이 바로 하나님 자녀에게 주어진 특혜特惠이다.

시 52:7~9

7 이 사람은 하나님을 자기 힘으로 삼지 아니하고 오직 자기 재물의 풍부함을 의지하며 자기의 악으로 스스로 든든하게 하던 자라 하리로다

8 그러나 나는 하나님의 집에 있는 푸른 감람나무 같음이여 하나님의 인자하심을 영원히 의지하리로다

9 주께서 이를 행하셨으므로 내가 영원히 주께 감사하고 주의 이름이 선하시므로 주의 성도 앞에서 내가 주의 이름을 사모하리이다

색맹 色盲 | 시편 53:1~6

스스로 의인이라고 하는 자는 영적 색맹色盲이다.

스스로 의인이라고 하는 자는 영적 소경이다.

그 사람은 하나님을 볼 수 없다. 시 53:1~3

죄수罪囚가 아닌, 죄인罪人된 것을 깨닫는 자만 하나님을 볼 수 있다.

의인義人이 아닌, 의인義認된 것을 깨닫는 자만 하나님을 볼 수 있다.

하나님의 색깔이 그리스도이시다. 시 53:6

색맹 色盲
색채를 구별하는 감각이 불완전하여 색깔을 구분하지 못하거나 다른 색깔로 보이는 상태

죄수 罪囚 : 국회가 정한 법을 어긴 자
죄인 罪人 : 하나님의 법을 어긴 자
의인 義人 : 의로운 사람
의인 義認 : 하나님이 의로운 존재로 인정한 인간

시 53:1~6

1 어리석은 자는 그의 마음에 이르기를 하나님이 없다 하도다 그들은 부패하며 가증한 악을 행함이여 선을 행하는 자가 없도다

2 하나님이 하늘에서 인생을 굽어살피사 지각이 있는 자와 하나님을 찾는 자가 있는가 보려 하신즉

3 각기 물러가 함께 더러운 자가 되고 선을 행하는 자 없으니 한 사람도 없도다

4 죄악을 행하는 자들은 무지하냐 그들이 떡 먹듯이 내 백성을 먹으면서 하나님을 부르지 아니하는도다

5 그들이 두려움이 없는 곳에서 크게 두려워하였으니 너를 대항하여 진 친 그들의 뼈를 하나님이 흩으심이라 하나님이 그들을 버리셨으므로 네가 그들에게 수치를 당하게 하였도다

6 시온에서 이스라엘을 구원하여 줄 자 누구인가 하나님이 자기 백성의 포로된 것을 돌이키실 때에 야곱이 즐거워하며 이스라엘이 기뻐하리로다

Chapter 3

국선변호인 國選辯護人

오직 여호와를 앙망하는 자는 새 힘을 얻으리니 사 40:31

국선변호인 國選辯護人 | 시편 54:5

> 시편 54:1
> 하나님이여 주의 이름으로 나를 구원하시고 주의 힘으로 나를 변호하소서

나는 하나님의 피켓이다

1981년 공안 당국이 사회과학 독서모임을 하던 학생과 교사 22명을 영장 없이 체포, 감금, 고문하여 국가보안법 위반 등의 혐의로 기소하였고, 19명이 징역 1~7년 형을 선고받았다. 그이후 몇 번의 재심청구를 거쳐 33년이 지난 오늘에 와서야 그들은 전원 무죄 판결을 받았다.

진실 자체도 중요하지만 변호인의 영향력이 얼마나 중요한지 알 수 있는 사건이라 할 수 있다.

변호인의 능력은 비공식적이긴 하지만 사건을 맡은 법관과의 관계이다. 더 중요한 것은 변호인으로 활동하기 이전에 현역 법관 시절의 직함이다. 또한 그동안 변호인으로서 어떤 사건을 맡아서 어떤 결과를 얻어내었는 가이다.

국선변호인 國選辯護人
헌법 제12조 4항에 근거해서 가난 따위의 이유로 변호사를 선임할 수 없는 형사 소송 피고인에 대해서 법원이 직권職權으로 피고인의 이익을 위하여 선임하는 변호인

예수 그리스도는 하나님 나라의 변호인이다.

그는 전직(근본) 하나님이시다. 빌 2:6

현역 시절(공생애 3년) 수많은 문제를 담당하셨다으며, 모든 죄인의 죄를

변호하셔서 하나님으로부터 무죄를 받아내셨다. 롬 3:23~26, 5:8

그분이 나의 국선변호인이시다.

지금도 천국 보좌에서 나를 변호하고 계신다. 요일 2:1

이것이 하나님의 성실하심이다. 시 54:5

시 54:1, 5

1 하나님이여 주의 이름으로 나를 구원하시고 주의 힘으로 나를 변호하소서

5 주께서는 내 원수에게 악으로 갚으시리니 주의 성실하심으로 그들을 멸하소서

빌 2:6

그는 근본 하나님의 본체시나 하나님과 동등됨을 취할 것으로 여기지 아니하시고

롬 3:23~26

23 모든 사람이 죄를 범하였으매 하나님의 영광에 이르지 못하더니

24 그리스도 예수 안에 있는 속량으로 말미암아 하나님의 은혜로 값 없이 의롭다 하심을 얻은 자 되었느니라

25 이 예수를 하나님이 그의 피로써 믿음으로 말미암는 화목제물로 세우셨으니 이는 하나님께서 길이 참으시는 중에 전에 지은 죄를 간과하심으로 자기의 의로우심을 나타내려 하심이니

26 곧 이 때에 자기의 의로우심을 나타내사 자기도 의로우시며 또한 예수 믿는 자를 의롭다 하려 하심이라

롬 5:8

우리가 아직 죄인 되었을 때에 그리스도께서 우리를 위하여 죽으심으로 하나님께서 우리에 대한 자기의 사랑을 확증하셨느니라

요일 2:1

나의 자녀들아 내가 이것을 너희에게 씀은 너희로 죄를 범하지 않게 하려 함이라 만일 누가 죄를 범하여도 아버지 앞에서 우리에게 대언자가 있으니 곧 의로우신 예수 그리스도시라

짐꾼 porter | 시편 55:22

히말라야 짐꾼들은 세상에서 가장 힘이 센 사람들로 알려져 있다.

그들은 자기 몸무게의 두 배나 되는 등산객들의 짐을 대신 지고 2박 3일 동안 3천7백미터의 히말라야산을 오른다.

세상에서 제일 무거운 짐이 사람의 짐이라 한다.

다윗은 인간관계로 많은 어려움을 겪었다. 시 55:12~14

첫 번째 사람이 사울 왕이다. 두 번째 사람이 압살롬이다. 그리고 시므이이다.

사울 왕은 그의 장인丈人이다. 압살롬은 그의 아들이다. 시므이는 절대 도움이 필요한 부족한 사람이다.

골리앗을 죽이면 칭찬과 상급이 있다.

그러나 이 세 사람은 그 중 한 명이라도 죽이면 괴롭고, 비난을 피할 수 없다.

다윗은 이 무거운 짐을 짐꾼에게 맡겼다.

"네 짐을 여호와께 맡기라 그가 너를 붙드시고 의인의 요동함을 영원히 허락하지 아니하시로다." 시 55:22

대부분의 사람들은 맡기기만 하면 문제가 해결되는 것으로 이해하지만, 실상은 그렇지 않다.

맡긴다는 것은 예수가 그리스도라는 사실을 믿는 것이다.

그 누구도 짊어질 수 없는 인간의 죄의 짐과 모든 문제의 짐을 대신 져주시는 가장 힘센 짐꾼porter 우리 주 예수 그리스도를 믿는 것이다. 요 1:29, 마 8:17, 마 11:28

시 55:12~14, 22

12 나를 책망하는 자는 원수가 아니라 원수일진대 내가 참았으리라 나를 대하여 자기를 높이는 자는 나를 미워하는 자가 아니라 미워하는 자일진대 내가 그를 피하여 숨었으리라

13 그는 곧 너로다 나의 동료, 나의 친구요 나의 가까운 친우로다

14 우리가 같이 재미있게 의논하며 무리와 함께 하여 하나님의 집 안에서 다녔도다

22 네 짐을 여호와께서 맡기라 그가 너를 붙드시고 의인의 요동함을 영원히 허락하지 아니하시리로다

요 1:29

이튿날 요한이 예수께서 자기에게 나아오심을 보고 이르되 보라 세상 죄를 지고 가는 하나님의 어린 양이로다

마 8:17

이는 선지자 이사야를 통하여 하신 말씀에 우리의 연약한 것을 친히 담당하시고 병을 짊어지셨도다 함을 이루려 하심이더라

마 11:28

수고하고 무거운 짐 진 자들아 다 내게로 오라 내가 너희를 쉬게 하리라

생각의 함정 시편 56:10~13

사람들은 마치 '생각'이 문제를 해결하는 공식이며 반드시 거쳐야 하는
과정인 것처럼, '생각'이라는 단어에 중독되어있다. 생각이 있느냐, 없느
냐? '생각해보자, 생각해보았느냐?'와 같이.

그러나 생각 끝에 나오는 답은 내가 경험했거나 습득한 지식을 토대로
나오는 것이다. 그러므로 오히려 많은 생각은 창조적인 판단이나 시대
적인 답을 얻을 수 없다.

다윗은 범사에 생각 대신 묵상의 시간을 가졌다.

묵상은 실패의 길을 피하는, 하나님이 주신 은혜를 누리는 시간이다.

시 56:1

묵상은 무너지는 길을 피하는, 그리스도의 비밀을 의지하는 시간이다.

시 56:3~4, 10~11

묵상은 영원하지 못한 것을 피하는, 하나님께로 피하는 시간이다.

시 56:8~9

묵상은 망할 것을 피하는, 하나님 앞에 서는 시간이다. 시 56:12~13

우리의 싸움은 모든 이론理論과 생각을 사로잡아 그리스도 앞에 복종
시키는 것이다. 고후 10:4~5

시 56:1, 3~4, 8~13

1 하나님이여 내게 은혜를 베푸소서 사람이 나를 삼키려고 종일 치며 압제하나이다

3 내가 두려워하는 날에는 내가 주를 의지하리이다

4 내가 하나님을 의지하고 그 말씀을 찬송하올지라 내가 하나님을 의지하였은즉 두려 워하지 아니하리니 혈육을 가진 사람이 내게 어찌하리이까

8 나의 유리함을 주께서 계수하셨사오니 나의 눈물을 주의 병에 담으소서 이것이 주의 책에 기록되지 아니하였나이까

9 내가 아뢰는 날에 내 원수들이 물러가리니 이것으로 하나님이 내 편이심을 내가 아나이다

10 내가 하나님을 의지하여 그의 말씀을 찬송하며 여호와를 의지하여 그의 말씀을 찬송 하리이다

11 내가 하나님을 의지하였은즉 두려워하지 아니하리니 사람이 내게 어찌하리이까

12 하나님이여 내가 주께 서원함이 있사온즉 내가 감사제를 주께 드리리니

13 주께서 내 생명을 사망에서 건지셨음이라 주께서 나로 하나님 앞, 생명의 빛에 다니게 하시려고 실족하지 아니하게 하지 아니하셨나이까

고후 10:4~5

4 우리의 싸우는 무기는 육신에 속한 것이 아니요 오직 어떤 견고한 진도 무너뜨리는 하나님의 능력이라 모든 이론을 무너뜨리며

5 하나님 아는 것을 대적하여 높아진 것을 다 무너뜨리고 모든 생각을 사로잡아 그리 스도에게 복종하게 하니

Chapter 4

내 영혼의 새벽

오직 흠 없고 점 없는 어린 양 같은
그리스도의 보배로운 피로 된 것이니라

벧전 1:19

내 영혼의 새벽 시편 57:8

> 시편 57:8
> 내 영광아 깰지어다 비파야, 수금아, 깰지어다 내가 새벽을 깨우리로다

대한민국 형법 제41조를 보면 사형 제도는 엄연히 명시되어 있고, 선고도 내려진다.

다만 1997년 12월 31일 전국적으로 23명의 사형수에 대한 사형이 집행된 이후로는 집행이 보류되고 있다. 그러나 청와대의 결심과 법무장관의 결제재만 받으면 지금도 사형수에 대한 형을 집행할 수 있다.

현재 사형이 최종 확정되어 집행을 기다리고 있는 사형수가 59명이라고 한다. 대부분의 사형수들은 매일 아침을 두려움으로 맞이한다고 한다. '혹시 그날이 오늘이 아닐까'라는 생각 때문이다.

사형수의 새벽은 죽음의 두려움이다.

채무자의 새벽은 채권자 독촉의 두려움이다.

나의 새벽은 하나님의 은혜이다. 시 57:1~2

나의 새벽은 하나님의 인자이다. 시 57:3, 10

나의 새벽은 하나님에 대한 감사와 찬송이다. 시 57:7~9

"하나님이여 내 마음이 확정되고 내 마음이 확정되었사오니 내가 노래하고 내가 찬송하리이다. 내 영광아 깰지어다 비파야, 수금아, 깰지어다 내가 새벽을 깨우리로다." 시 57:7~8

시 57:1~3, 7~10

1 하나님이여 내게 은혜를 베푸소서 내게 은혜를 베푸소서 내 영혼이 주께로 피하되 주의 날개 그늘 아래에서 이 재앙들이 지나기까지 피하리이다

2 내가 지존하신 하나님께 부르짖음이여 곧 나를 위하여 모든 것을 이루시는 하나님께 로다

3 그가 하늘에서 보내사 나를 삼키려는 자의 비방에서 나를 구원하실지라(셀라) 하나님이 그의 인자와 진리를 보내시리로다

7 하나님이여 내 마음이 확정되었고 내 마음이 확정되었사오니 내가 노래하고 내가 찬송하리이다

8 내 영광아 깰지어다 비파야, 수금아, 깰지어다 내가 새벽을 깨우리로다

9 주여 내가 만민 중에서 주께 감사하오며 뭇 나라 중에서 주를 찬송하리이다

10 무릇 주의 인자는 커서 하늘에 미치고 주의 진리는 궁창에 이르나이다

유관무언 有觀無言 | 시편 58:11

> 시편 58:11
> 그때에 사람의 말이 진실로 의인에게 갚음이 있고 진실로 땅에서
> 심판하시는 하나님이 계시다 하리로다

인간의 근본을 본 사람은 말이 없다. 시 58:3

인간의 속성을 본 사람은 말이 없다. 시 58:4~5

인간의 결말을 본 사람은 말이 없다. 시 58:10

인간의 근본 된 원인과 속성과 결말을 보지 못한 자는 말이 많다.

마 16:13~14, 행 15:1

인간의 근본과 속성과 결말을 본 사람은 한 마디 말 외에는 할 말이 없는

것이다.

주는 그리스도시요, 살아 계신 하나님의 아들이시니다. 마 16:16, 고전 1:22~24,

고전 2:2

유관무언 有觀無言
본 것은 많으나 말하지 않는다는 의미의 사자성어

시 58:3~5, 10~11

3 악인은 모태에서부터 멀어졌음이여 나면서부터 곁길로 나아가 거짓을 말하는도다

4 그들의 독은 뱀의 독 같으며 그들은 귀를 막은 귀머거리 독사 같으니

5 술사의 홀리는 소리도 듣지 않고 능숙한 술객의 요술도 따르지 아니하는 독사로다

10 의인이 악인의 보복 당함을 보고 기뻐함이여 그의 발을 악인의 피에 씻으리로다

11 그때에 사람의 말이 진실로 의인에게 갚음이 있고 진실로 땅에서 심판하시는 하나님이 계시다 하리로다

마 16:13~14, 16

13 예수께서 빌립보 가이사랴 지방에 이르러 제자들에게 물어 이르시되 사람들이 인자를 누구라 하느냐

14 이르되 더러는 세례 요한, 더러는 엘리야, 어떤 이는 예레미야나 선지자 중의 하나라 하나이다

16 시몬 베드로가 대답하여 이르되 주는 그리스도시요 살아계신 하나님의 아들이시니이다

행 15:1

어떤 사람들이 유대로부터 내려와서 형제들을 가르치되 너희가 모세의 법대로 할례를 받지 아니하면 능히 구원을 받지 못하리라 하니

고전 1:22~24

22 유대인은 표적을 구하고 헬라인은 지혜를 찾으나

23 우리는 십자가에 못 박힌 그리스도를 전하니 유대인에게는 거리끼는 것이요 이방인에게는 미련한 것이로되

24 오직 부르심을 받은 자들에게는 유대인이나 헬라인이나 그리스도는 하나님의 능력이요 하나님의 지혜니라

고전 2:2

내가 너희 중에서 예수 그리스도와 그가 십자가에 못 박히신 것 외에는 아무것도 알지 아니하기로 작정하였음이라

사유화 私有化 | 시편 59:9~11, 16, 17

> 시편 59:9
> 하나님은 나의 요새이시니 그의 힘으로 말미암아 내가 주를 바라리이다

합리주의 철학의 아버지라 불리는 프랑스 철학자 르네 데카르트는 "나는 생각한다. 그러므로 나는 존재한다."는 명제를 남겼다. 이와 함께 근대의 인간학적 시대가 시작된다.

신이 모든 것을 지배했던 시대는 지나가고, 생각하는 인간이 세계의 모든 것을 정복하고 지배하는 시대가 등장한다. 생각하는 인간이라는 존재가 모든 것의 중심이 된다.

사탄은 하나님의 소유인 인간의 의지를 사유화시키는 데 성공했다. 창 3:1~7, 창 6:1~3, 창 11:1~4

그러나 하나님이 사탄으로 말미암아 사유화된 인간의 의지를 다시 찾을 길을 여셨다. 창 3:15, 마 1:21~23

나의 의지를 다시 찾아 본래 주인이신 주님께 드리는 길이 있다.

그 길이 곧 예수 그리스도이시다. 마 16:16, 요 14:6

그 방법이 힘의 세계관을 바꾸는 길이다. 빌 4:6~7, 삼상 17:45, 시 59:16~17

사유화
개인이 사사私私로이 소유所有 함

시 59:9~11, 16~17

9 하나님은 나의 요새이시니 그의 힘으로 말미암아 내가 주를 바라리이다

10 나의 하나님이 그의 인자하심으로 나를 영접하시며 하나님이 나의 원수가 보응받는 것을 내가 보게 하시리이다

11 그들을 죽이지 마옵소서 나의 백성이 잊을까 하나이다 우리 방패 되신 주여 주의 능력으로 그들을 흩으시고 낮추소서

16 나는 주의 힘을 노래하며 아침에 주의 인자하심을 높이 부르오리니 주는 나의 요새이시며 나의 환난 날에 피난처심이니이다

17 나의 힘이시여 내가 주께 찬송하오리니 하나님은 나의 요새이시며 나를 긍휼히 여기시는 하나님이심이니이다

창 3:1~13, 15

1 그런데 뱀은 여호와 하나님이 지으신 들짐승 중에 가장 간교하니라 뱀이 여자에게 물어 이르되 하나님이 참으로 너희에게 동산 모든 나무의 열매를 먹지 말라 하시더냐

2 여자가 뱀에게 말하되 동산 나무의 열매를 우리가 먹을 수 있으나

3 동산 중앙에 있는 나무의 열매는 하나님의 말씀에 너희는 먹지도 말고 만지지도 말라 너희가 죽을까 하노라 하셨느니라

4 뱀이 여자에게 이르되 너희가 결코 죽지 아니하리라

5 너희가 그것을 먹는 날에는 너희 눈이 밝아져 하나님과 같이 되어 선악을 알 줄 하나님이 아심이니라

6 여자가 그 나무를 본즉 먹음직도 하고 보암직도 하고 지혜롭게 할 만큼 탐스럽기도 한 나무인지라 여자가 그 열매를 따먹고 자기와 함께 있는 남편에게도 주매 그도 먹은지라

7 이에 그들의 눈이 밝아져 자기들이 벗은 줄을 알고 무화과나무 잎을 엮어 치마로 삼았더라

8 그들이 그 날 바람이 불 때 동산에 거니시는 여호와 하나님의 소리를 듣고 아담과 그의 아내가 여호와 하나님의 낯을 피하여 동산 나무 사이에 숨은지라

9 여호와 하나님이 아담을 부르시며 그에게 이르시되 네가 어디 있느냐

10 이르되 내가 동산에서 하나님의 소리를 듣고 내가 벗었으므로 두려워하여 숨었나이다

11 이르시되 누가 너의 벗었음을 네게 알렸느냐 내가 네게 먹지 말라 명한 그 나무 열매를 네가 먹었느냐

12 아담이 이르되 하나님이 주셔서 나와 함께 있게 하신 여자 그가 그 나무 열매를 내게 주므로 내가 먹었나이다

13 여호와 하나님이 여자에게 이르시되 네가 어찌하여 이렇게 하였느냐 여자가 이르되 뱀이 나를 꾀므로 내가 먹었나이다

15 내가 너로 여자와 원수가 되게 하고 네 후손도 여자의 후손과 원수가 되게 하리니 여자의 후손은 네 머리를 상하게 할 것이요 너는 그의 발꿈치를 상하게 할 것이니라 하시고

창 6:1~3

1 사람이 땅 위에 번성하기 시작할 때에 그들에게서 딸들이 나니

2 하나님의 아들들이 사람의 딸들의 아름다움을 보고 자기들이 좋아하는 모든 여자를 아내로 삼는지라

3 여호와께서 이르시되 나의 영이 영원히 사람과 함께 하지 아니하리니 이는 그들이 육신이 됨이라 그러나 그들의 날은 백이십 년이 되리라 하시니라

창 11:1~4

1 온 땅의 언어가 하나요 말이 하나였더라

2 이에 그들이 동방으로 옮기다가 시날 평지를 만나 거기 거류하며

3 서로 말하되 자, 벽돌을 만들어 견고히 굽자 하고 이에 벽돌로 돌을 대신하며 역청으로 진흙을 대신하고

4 또 말하되 자, 성읍과 탑을 건설하여 그 탑 꼭대기를 하늘에 닿게 하여 우리 이름을 내고 온 지면에 흩어짐을 면하자 하였더니

삼상 17:45

다윗이 블레셋 사람에게 이르되 너는 칼과 창과 단창으로 내게 나아 오거니와 나는 만군의 여호와의 이름 곧 네가 모욕하는 이스라엘 군대의 하나님의 이름으로 네게 나아가노라

마 1:21~23

21 아들을 낳으리니 이름을 예수라 하라 이는 그가 자기 백성을 그들의 죄에서 구원할 자이심이라 하니라

22 이 모든 일이 된 것은 주께서 선지자로 하신 말씀을 이루려 하심이니 이르시되

23 보라 처녀가 잉태하여 아들을 낳을 것이요 그의 이름은 임마누엘이라 하리라 하셨으니 이를 번역한즉 하나님이 우리와 함께 계시다 함이라

마 1:6:16

시몬 베드로가 대답하여 이르되 주는 그리스도시요 살아 계신 하나님의 아들이시니이다

빌 4:6~7

6 아무것도 염려하지 말고 다만 모든 일에 기도와 간구로, 너희 구할것을 감사함으로 하나님께 아뢰라

7 그리하면 모든 지각에 뛰어난 하나님의 평강이 그리스도 예수 안에서 너희 마음과 생각을 지키시리라

하나님은 오른손잡이시다 _{시편 60:5}

| 시편 60:5
| 주께서 사랑하시는 자를 건지시기 위하여 주의 오른손으로 구원하시고 응답하소서

광주光州복음교회 김영수 장로께서 목사, 장로 기도회에서 대표기도를
하시는 중에 "하나님 아버지 우리를 왼손도 아니고 오른손으로 붙잡으신
것을 감사합니다"라고 기도하시는 것을 들었다. 참 사실적인 기도라는
생각이 들었다.

하나님은 오른손잡이시다.

"그 오른손에 일곱 별이 있고" 계 1:16

"오른손에 일곱 별을 붙잡고" 계 2:1

"여호와여 주의 오른손이 원수를 부수시니이다." 출 15:6

"주께서 피하는 자를 그 일어나 치는 자에게서 오른손으로 구원하시는
주여" 시 17:7

"주의 손을 펴사 내 원수들의 노를 막으시며 주의 오른손이 나를 구원하시리이다." 시 138:7

"참으로 너를 도와주리라 참으로 나의 의로운 오른손으로 너를 붙들리라" 사 41:10

"주의 사랑하시는 자를 건지시기 위하여 우리에게 응답하사 오른손으로 구원하소서" 시 60:5

하나님은 오른손잡이시다.

하나님의 오른손이 곧 그리스도이다.

그리스도를 통해서만 하나님의 구원을 만날 수 있다. 시 60:11~12

계 1:16

그의 오른손에 일곱 별이 있고 그의 입에서 좌우에 날선 검이 나오고 그 얼굴은 해가 힘있게 비치는 것 같더라

계 2:1

에베소 교회의 사자에게 편지하라 오른손에 있는 일곱 별을 붙잡고 일곱 금 촛대 사이를 거니시는 이가 이르시되

출 15:6

여호와여 주의 오른손이 권능으로 영광을 나타내시니이다 여호와여 주의 오른손이 원수를 부수시니이다

시 17:7

주께 피하는 자들을 그 일어나 치는 자들에게서 오른손으로 구원하시는 주여 주의 기이한 사랑을 나타내소서

시 41:10

그러하오나 주 여호와여 내게 은혜를 베푸시고 나를 일으키사 내가 그들에게 보응하게 하소서 이로써

시 60:5

5 주께서 사랑하시는 자를 건지시기 위하여 주의 오른손으로 구원하시고 응답하소서

시 60:11~12

11 우리를 도와 대적을 치게 하소서 사람의 구원은 헛됨이니이다
12 우리가 하나님을 의지하고 용감하게 행하리니 그는 우리의 대적을 밟으실 이심이로다

시 138:7

내가 환난 중에 다닐지라도 주께서 나를 살아나게 하시고 주의 손을 펴사 내 원수들의 분노를 막으시며 주의 오른손이 나를 구원하시리이다

답答과 기도祈禱

시편 61:1
하나님이여 나의 부르짖음을 들으시며 내 기도에 유의하소서

사람들은 자신들이 가지고 있는 신앙관에 따라 기도한다. 시 61:1~2

그래서 대부분의 기도는 자신의 형편과 환경 변화를 바라는 간구함이다.

그러나 기독교基督敎, 그리스도인의 기도는 이런 기도와는 다른 것이다.

답答을 가진 자만 기도할 수 있다. 시 61:3~7

답 없는 기도는 중언부언重言復言하는 기도이며, 우상숭배자들의 기도와

같은 것이다.

문제의 해결과 환경 변화의 시간은 우리의 기도로 조절하는 것이 아니다.

기도 응답의 시간표는 하나님께만 있다.

우리에게는 기도의 시간이 있는 것이다.

우리가 가진, 여호와 하나님이 내게 주신 응답은 그리스도와 그를 믿고

증거하는 것이다. 시 61:8

시 61:1~8

1 하나님이여 나의 부르짖음을 들으시며 내 기도에 유의하소서
2 내 마음이 약해 질 때에 땅 끝에서부터 주께 부르짖으오리니 나보다 높은 바위에
   나를 인도하소서
3 주는 나의 피난처시요 원수를 피하는 견고한 망대이심이니이다
4 내가 영원히 주의 장막에 머물며 내가 주의 날개 아래로 피하리이다 (셀라)
5 주 하나님이여 주께서 나의 서원을 들으시고 주의 이름을 경외하는 자가 얻을 기업을
   내게 주셨나이다
6 주께서 왕에게 장수하게 하사 그의 나이가 여러 대에 미치게 하시리이다
7 그가 영원히 하나님 앞에서 거주하리니 인자와 진리를 예비하사 그를 보호하소서
8 그리하시면 내가 주의 이름을 영원히 찬양하며 매일 나의 서원을 이행하리이다

Chapter 5

하나님의 저울

사람은 입김이며 인생도 속임수이니
저울에 달면 그들은 입김보다 가벼우리로다

시 69:9

하나님의 저울 The scale of God

'3無 회장'. 조양호 전 한진그룹 회장에게 붙여진 별호別號이다.

담배와 술, 골프(3 無)를 멀리하던 조양호 회장은 향년 70세로 2019년 4월 8일 지병으로 별세했다.

사업가로서의 그의 업적과 유산, 그의 자녀들, 6백억 원의 퇴직금은 많은 아쉬움을 남긴 이야기이다.

인류의 첫 사람 아담으로부터 인류 멸망의 날까지 이 세상世上을 살다 간 모든 사람의 능력은 하나님의 저울에 올려놓으면 입김보다 가볍다.

그 인생의 부귀영화도 지식도 건강도 모두 속이는 것이다.

사람의 능력과 인생 속에는 악한 자와 악한 세대를 이길 수 있는 능력이 없다. 시 62:3~4, 10

나의 영혼이 잠잠히 하나님만 바라는 것이 유일한 능력이다. 시 62:1~2, 6~8

나의 영혼이 잠잠히 하나님만 바라는 방법이 그리스도, 하나님의 복음福音이다. 시 62:11~12

시 62:1∼4, 6∼12

1 나의 영혼이 잠잠히 하나님만 바람이여 나의 구원이 그에게서 나오는도다

2 오직 그만이 나의 반석이시요 나의 구원이시요 나의 요새이시니 내가 크게 흔들리지 아니하리로다

3 넘어지는 담과 흔들리는 울타리 같이 사람을 죽이려고 너희가 일제히 공격하기를 언제까지 하려느냐

4 그들이 그를 그의 높은 자리에서 떨어뜨리기만 꾀하고 거짓을 즐겨하니 입으로는 축복이요 속으로는 저주로다(셀라)

6 오직 그만이 나의 반석이시요 나의 구원이시요 나의 요새이시니 내가 흔들리지 아니 하리로다

7 나의 구원과 영광이 하나님께 있음이여 내 힘의 반석과 피난처도 하나님께 있도다

8 백성들아 시시로 그를 의지하고 그의 앞에 마음을 토하라 하나님은 우리의 피난처시로다(셀라)

9 아, 슬프도다 사람은 입김이며 인생도 속임수이니 저울에 달면 그들은 입김보다 가벼우리로다

10 포악을 의지하지 말며 탈취한 것으로 허망하여지지 말며 재물이 늘어도 거기에 마음을 두지 말지어다

11 하나님이 한두 번 하신 말씀을 내가 들었나니 권능은 하나님께 속하였다 하셨도다

12 주여 인자함은 주께 속하오니 주께서 각 사람이 행한 대로 갚으심이니이다

시대적 응답 Response times | 시편 63:1~11

> 시편 63:1
> 하나님이여 주는 나의 하나님이시라 내가 간절히 주를 찾되 물이 없어
> 마르고 황패한 땅에서 내 영혼이 주를 갈망하며 내 육체가 주를 앙모하나이다

북한의 핵무기 개발과 위협, 전쟁 위기 등이 세계적 관심사가 되어있는 현실 속에서 2018 세계동계올림픽이 대한민국 강원도 평창에서 열렸다. 전 세계 93개국, 2,925명의 선수들이 출전하여 15개 종목, 306개의 메달을 놓고 실력을 겨뤘으며, 이는 세계인의 축제로 마무리됐다.

일부 사람들의 의견과 주장처럼 핵개발과 전쟁위기의 요소를 제거한 후 올림픽을 개최해야 했다면 아마 이런 시대적 축제를 유치하기 어려웠을 것이다.

이런 시대적 응답의 절대적 조건은 우선순위이다.

우리의 신앙생활도 시대적 응답의 절대적 조건條件이 우선순위이다.

사람마다 크고 작은 장애요소들과 문제들을 갖고 있다.

일부 신자들은 이런 문제들을 해결한 후에 시대적 응답에 동참하겠다고 생각한다.

그러나 그런 신앙은 하나님의 시대적 응답에 참여할 수 없다.

그것은 신앙생활의 우선순위를 놓치고 있는 자의 생각이다.

시대적 응답에 참여할 수 있는 신앙생활의 우선순위는 하나님이 주신 은혜와 그 힘으로 내 영혼을 만족케 하는 것이다. 시 63:5

내 영혼이 하나님이 주신 힘으로 만족함을 얻는 우선순위의 시간 속에 있을 때 시대적 응답의 흐름을 타게 된다. 시 63:8

그 은밀한 처소가 예수 그리스도이시다.

시 63:1~11

1 하나님이여 주는 나의 하나님이시라 내가 간절히 주를 찾되 물이 없어 마르고 황폐한 땅에서 내 영혼이 주를 갈망하며 내 육체가 주를 앙모하나이다

2 내가 주의 권능과 영광을 보기 위하여 이와 같이 성소에서 주를 바라보았나이다

3 주의 인자하심이 생명보다 나으므로 내 입술이 주를 찬양할 것이라

4 이러므로 나의 평생에 주를 송축하며 주의 이름으로 말미암아 나의 손을 들리이다

5 골수와 기름진 것을 먹음과 같이 나의 영혼이 만족할 것이라 나의 입이 기쁜 입술로 주를 찬송하되

6 내가 나의 침상에서 주를 기억하며 새벽에 주의 말씀을 작은 소리로 읊조릴 때에 하오리니

7 주는 나의 도움이 되셨음이라 내가 주의 날개 그늘에서 즐겁게 부르리이다

8 나의 영혼이 주를 가까이 따르니 주의 오른손이 나를 붙드시거니와

9 나의 영혼을 찾아 멸하려 하는 그들은 땅 깊은 곳에 들어가며

10 칼의 세력에 넘겨져 승냥이의 먹이가 되리이다

11 왕은 하나님을 즐거워하리니 주께 맹세한 자마다 자랑할 것이나 거짓말하는 자의 입은 막히리로다

묘책 妙策 | 시편 64:6~10

시편 64:6
그들은 죄악을 꾸미며 이르기를 우리가 묘책을 찾았다 하나니
각 사람의 속뜻과 마음이 깊도다

악인의 묘책은 음모를 꾀하고 소동을 일으키는 것이다.

악인의 묘책은 악한 말을 만들어 싸움을 일으키나 두려워하지 않는다.
시 64:3~4

악인의 묘책은 악한 목적으로 하나가 되는 것이다. 시 64:5~6

그러나 의인의 묘책은 여호와로 말미암아 즐거워하며 그에게 피하는 것
이다.

악인의 모든 묘책을 이기고 승리하는 묘책은 오직 복음으로 만족滿足하고
즐거워하는 것이다. 시 64:7~10

그리스도의 사람들은 그리스도가 묘책trick이다. 골 2:2~4

묘책 妙策
교묘한 꾀

시 64:3~10

3 그들이 칼 같이 자기 혀를 연마하며 화살 같이 독한 말로 겨누고

4 숨은 곳에서 온전한 자를 쏘며 갑자기 쏘고 두려워하지 아니하는도다

5 그들은 악한 목적으로 서로 격려하며 남몰래 올무 놓기를 함께 의논하고 하는 말이 누가 우리를 보리요 하며

6 그들은 죄악을 꾸미며 이르기를 우리가 묘책을 찾았다 하나니 각 사람의 속 뜻과 마음이 깊도다

7 그러나 하나님이 그들을 쏘시리니 그들이 갑자기 화살에 상하리로다

8 이러므로 그들이 엎드러지리니 그들의 혀가 그들을 해함이라 그들을 보는 자가 다 머리를 흔들리로다

9 모든 사람이 두려워하여 하나님의 일을 선포하며 그의 행하심을 깊이 생각하리로다

10 의인은 여호와로 말미암아 즐거워하며 그에게 피하리니 마음이 정직한 자는 다 자랑하리로다

골 2:2~4

2 이는 그들로 마음에 위안을 받고 사랑 안에서 연합하여 확실한 이해의 모든 풍성함과 하나님의 비밀인 그리스도를 깨닫게 하려 함이니

3 그 안에는 지혜와 지식의 모든 보화가 감추어져 있느니라

4 내가 이것을 말함은 아무도 교묘한 말로 너희를 속이지 못하게 하려 함이니

죄가 이길 수 없는 사람 시편 63:3~5

> 시편 65:3
> 죄악이 나를 이겼사오니 우리의 허물을 주께서 사하시리이다

죄를 이기시는 분은 오직 하나님이시다.

그러나 죄를 이기는 또 하나의 방법이 있다.

죄를 정하신 분이 그 사람의 죄를 죄로 인정하지 않는 것이다. 시 65:3, 롬 4:4~8

죄를 죄로 인정하지 않음을 받는 자는 죄를 이기는 것이 아니라, 죄가 이길 수 없는 비밀을 가진 자이다. 마 16:16~17

여기서 말하는 죄는 모든 문제를 말한다.

하나님만이 어떤 것도 문제가 되지 않는 분이시다.

하나님께 택함을 받고 그를 가까이하는 자는 어떤 문제도 문제가 되지 않는다. 시 65:4

그를 가까이하는 길이 곧 그리스도이기 때문이다.

시 65:3~5

3 죄악이 나를 이겼사오니 우리의 허물을 주께서 사하시리이다

4 주께서 택하시고 가까이 오게 하사 주의 뜰에 살게 하신 사람은 복이 있나이다 우리가 주의 집 곧 주의 성전의 아름다움으로 만족하리이다

5 우리 구원의 하나님이시여 땅의 모든 끝과 먼 바다에 있는 자가 의지할 주께서 의를 따라 엄위하신 일로 우리에게 응답하시리이다

롬 4:4~8

4 일하는 자에게는 그 삯이 은혜로 여겨지지 아니하고 보수로 여겨지거니와

5 일을 아니할지라도 경건하지 아니한 자를 의롭다 하시는 이를 믿는 자에게는 그의 믿음을 의로 여기시나니

6 일한 것이 없이 하나님께 의로 여기심을 받는 사람의 복에 대하여 다윗이 말한 바

7 불법이 사함을 받고 죄가 가리어짐을 받는 사람들은 복이 있고

8 주께서 그 죄를 인정하지 아니하실 사람은 복이 있도다 함과 같으니라

마 16:16~17

16 시몬 베드로가 대답하여 이르되 주는 그리스도시요 살아 계신 하나님의 아들이시니이다

17 예수께서 대답하여 이르시되 바요나 시몬아 네가 복이 있도다 이를 네게 알게 한 이는 혈육이 아니요 하늘에 계신 내 아버지시니라

육참골단 肉塹骨端 | 시편 66:9∼16

> 시편 66:12
> 사람이 우리 머리를 타고 가게 하셨나이다 우리가 불과 물을 통과하였더니
> 주께서 우리를 끌어내사 풍부한 곳에 들이셨나이다

하나님은 우리를 시험하시고 불로 은을 단련함 같이 단련하신다.

시 66:10

하나님은 우리로 하여금 그물에 걸리게 하시고 어려운 짐도 메게 하신다.

시 66:11

하나님은 사람들이 우리 머리를 밟게도 하시고 불과 물을 통과하게도

하신다. 시 66:12

이 모든 연단의 목적은 우리를 하나님의 풍부한 곳으로 들이시기 위함

이다. 시 66:12

하나님의 풍부한 곳은 번제물과 번제 숫양과 수소와 염소, 곧 그리스도

이며 그리스도가 우리의 일상이 되도록 하시기 위함이다. 시 66:13∼15

하나님이 행하시는 이 모든 일과 계획은 우리의 영혼을 위함이다.

시 66:9, 16

육참골단 肉斬骨端

자신의 살은 내주고 상대의 뼈를 끊는다는 뜻

9 그는 우리 영혼을 살려 두시고 우리의 실족함을 허락하지 아니하시는 주시로다

10 하나님이여 주께서 우리를 시험하시되 우리를 단련하시기를 은을 단련함 같이
    하셨으며

11 우리를 끌어 그물에 걸리게 하시며 어려운 짐을 우리 허리에 매어 두셨으며

12 사람들이 우리 머리를 타고 가게 하셨나이다 우리가 불과 물을 통과하였더니 주께서
    우리를 끌어내사 풍부한 곳에 들이셨나이다

13 내가 번제물을 가지고 주의 집에 들어가서 나의 서원을 주께 갚으리니

14 이는 내 입술이 낸 것이요 내 환난 때에 내 입이 말한 것이니이다

15 내가 숫양의 향기와 함께 살진 것으로 주께 번제를 드리며 수소와 염소를 드리리이다
    (셀라)

16 하나님을 두려워하는 너희들아 다 와서 들으라 하나님이 나의 영혼을 위하여 행하신
    일을 내가 선포하리로다

체험 시편 67:1~3

> 시편 67:1~2
> 하나님은 우리에게 은혜를 베푸사 복을 주시고 그의 얼굴 빛을 우리에게 비추사(셀라)
> 주의 도를 땅 위에 주의 구원을 모든 나라에게 알리소서

'산상기도, 철야기도, 금식기도'

하나님의 절대적 계획을 몰랐던 시절에 나의 신앙을 대변代辯했던 용어들이다. 이성과 지식, 교리와 신학적으로 이해하고 있었던 사실들을 육체적 체험을 통해 알고자 발버둥쳤던 시절이 있었다.

다행스럽게도 나는 육체적 체험을 한 번도 경험하지 못했다.

대부분의 신앙인들은 자신이 믿는 신앙에 대하여 여러 가지 체험을 통해 확신을 얻고자 한다.

그러나 신앙생활에 절대 체험되어야 할 것은 아래 세 가지이다.

하나님의 은혜인 구원 체험이다. 시 67:1

하나님의 지혜인 전도 체험이다. 시 67:2~5

하나님의 능력인 기도 체험이다. 시 67:6~7

하나님의 은혜, 지혜, 능력이 곧 그리스도이다.

시 67:1~7

1 하나님은 우리에게 은혜를 베푸사 복을 주시고 그의 얼굴빛을 우리에게 비추사 (셀라)
2 주의 도를 땅 위에, 주의 구원을 모든 나라에게 알리소서
3 하나님이여 민족들이 주를 찬송하게 하시며 모든 민족들이 주를 찬송하게 하소서
4 온 백성은 기쁘고 즐겁게 노래할지니 주는 민족들을 공평히 심판하시며 땅 위의 나라들을 다스리실 것임이니이다 (셀라)
5 하나님이여 민족들이 주를 찬송하게 하시며 모든 민족으로 주를 찬송하게 하소서
6 땅이 그의 소산을 내어 주었으니 하나님 곧 우리 하나님이 우리에게 복을 주시리로다
7 하나님이 우리에게 복을 주시리니 땅의 모든 끝이 하나님을 경외하리로다

반전 反轉 | 시편 68:5~6

시편 68:12
여러 군대의 왕들이 도망하고 도망하니 집에 있던 여자들도 탈취물을 나누도다

고아, 과부, 여자, 가난한 자와 어린 아이는 약한 자의 대명사로 불려졌다.
고대古代 히브리인 사회에서는 이런 사람들은 율법을 스스로 준행할 수
없다는 이유로 병든 자와 함께 죄인으로 취급했다.

세상의 눈으로 볼 때 나는 고아와 과부, 여자와 어린 아이와 같이 약한
자이며 죄인이다.

그러나 그리스도 안에 있는 나에게는 여호와 하나님이 아버지가 되시며
재판관이 되신다. 시 68:5~6

그리스도 안에 있으면 약한 자도 탈취물을 취한다. 시 68:11~12

그리스도 안에 있으면 천천만만 하나님의 병거가 호위병이 된다.

시 68:17

그리스도 안에 있으면 날마다 주께서 나의 모든 짐을 대신 지심으로 사망
에서 벗어나게 하신다. 시 68:19~20

이 반전反戰의 조건은 하나님의 은혜이다.

하나님의 은혜가 그리스도이시다. 그리스도는 곧 나사렛 예수 이시며,
사망의 권세를 이기고 부활하신 주님이시다.

시 68:5∼6, 11∼12, 17, 19∼20

5 그의 거룩한 처소에 계신 하나님은 고아의 아버지시며 과부의 재판장이시라

6 하나님이 고독한 자들은 가족과 함께 살게 하시며 갇힌 자들은 이끌어 내사 형통하게 하시느니라 오직 거역하는 자들의 거처는 메마른 땅이로다

11 주께서 말씀을 주시니 소식을 공포하는 여자들은 큰 무리라

12 여러 군대의 왕들이 도망하고 도망하니 집에 있던 여자들도 탈취물을 나누도다

17 하나님의 병거는 천천이요 만만이라 주께서 그 중에 계심이 시내 산 성소에 계심 같도다

19 날마다 우리 짐을 지시는 주 곧 우리의 구원이신 하나님을 찬송할지로다 (셀라)

20 하나님은 우리에게 구원의 하나님이시라 사망에서서 벗어남은 주 여호와로 말미암거니와

My song

시편 69:30~31
내가 노래로 하나님의 이름을 찬양하며 감사함으로 하나님은 위대하시다 하리니 이것이
소 곧 뿔과 굽이 있는 황소를 드림보다 여호와를 더욱 기쁘시게 함이 될 것이라

노래는 운율이 있는 언어로 사상과 감정을 표현하는 것이다.

5 · 16 군사 혁명을 시점으로 노래에 대한 통제가 본격화되면서 1962년
6월에 설립된 한국방송윤리위원회는 1965년에 116곡을 방송 금지곡으로
결정하여 정치적, 사회적 이유로 공공장소나 방송에서 부를 수 없도록
규정하였다.

기원전 1세기 말 율리우스 카이사르가 시작하여, 옥타비아누스에 의해
전성기를 이루었던 고대古代로마 시대에도 금지곡이 있었다.

그 노래 제목은 '주LORD'이다.

'주'라는 고백과 노래는 로마 황제皇帝에게만 할 수 있는 노래였다.

금지곡을 부르는 자는 죽음을 각오해야 했다. 그때 금지된 노래를 애창
愛唱하는 단체가 일어났으니 바로 마가의 다락방에서 시작된 초대교회
이다. 이 노래는 사도 베드로의 애창곡이며, 전도자 바울이 개사開寫해서
부른 애창곡이다. 또한 나의 애창곡이다. 세상 마귀가 금지시킨 이 노래는
우리 하나님을 가장 기쁘시게 하는 노래이다. 시 69:30~31

매일 부른 나의 노래, "주는 그리스도시요 살아계신 하나님의 아들이십
니다." 마 16:16

Lord, you are my song!

시 69:30〜31

30 내가 노래로 하나님의 이름을 찬송하며 감사함으로 하나님을 위대하시다 하리니

31 이것이 소 곧 뿔과 굽이 있는 황소를 드림보다 여호와를 더욱 기쁘시게 함이 될 것이라

마 16:16

시몬 베드로가 대답하여 이르되 주는 그리스도시요 살아 계신 하나님의 아들이시니 이다

기회 Chance

> 시편 70:5
> 나는 가난하고 궁핍하오니 하나님이여 속히 내게 임하소서
> 주는 나의 도움이시오 나를 건지시는 이시오니 여호와여 지체하지 마소서

사탄은 우리의 약한 부분을 알고 그곳을 공격한다.

하나님은 우리의 연약함을 아시고 그리스도께 담당시키셨다. 사 53:4, 마 8:17 어머니가 일찍 세상을 떠난 것은 헌신적인 어머니가 필요한 것이 아니라 복음이 필요하기 때문이다. 나라가 위기에 빠진 것은 힘 있는 국가가 필요한 것이 아니라 언약 회복이 필요하기 때문이다. 가난이 배경이 되었던 것은 풍요로움이 필요한 것이 아니라 복음이 필요하기 때문이다. 한쪽 팔에 장애를 가진 것은 양쪽 팔이 필요한 것이 아니라 복음이 필요하기 때문이다.

이 사실 앞에 우리의 대적들은 수치와 무안無顔과 수모受侮를 당하고 뒤로 물러간다. 시 70:2~3 나의 약함이 그리스도 안에서 사탄을 부끄럽게 하는 절대적 기회, 시간표이다.

가난과 궁핍함은 약점이 아니라 장점이다. 시 70:5

내 능력이 약한 데서 온전하여짐이라. 고후 12:9

기회 chance
어떠한 일을 하는데 적절한 시기, 시간표를 뜻한다.

시 70:2~3, 5

2 나의 영혼을 찾는 자들이 수치와 무안을 당하게 하시며 나의 상함을 기뻐하는 자들이 뒤로 물러가 수모를 당하게 하소서

3 아하, 아하 하는 자들이 자기 수치로 말미암아 뒤로 물러가게 하소서

5 나는 가난하고 궁핍하오니 하나님이여 속히 내게 임하소서 주는 나의 도움이시요 나를 건지시는 이시오니 여호와여 지체하지 마소서

사 53:4

그는 실로 우리의 질고를 지고 우리의 슬픔을 당하였거늘 우리는 생각하기를 그는 징벌을 받아 하나님께 맞으며 고난을 당한다 하였노라

마 8:17

이는 선지자 이사야를 통하여 하신 말씀에 우리의 연약한 것을 친히 담당하시고 병을 짊어지셨도다 함을 이루려 하심이더라

고후 12:9

나에게 이르시기를 내 은혜가 네게 족하도다 이는 내 능력이 약한 데서 온전하여짐이라 하신지라 그러므로 도리어 크게 기뻐함이라 나의 여러 약한 것들에 대하여 자랑하리니 이는 그리스도의 능력이 내게 머물게 하려 함이라

답답촙촙과 답답遝遝 | 시편 71:1~5

시편 71:1, 5
여호와여 내가 주께 피하오니 내가 영원히 수치를 당하게 하지 마소서
주 여호와여 주는 나의 소망이시요 내가 어릴 때부터 신뢰한 이시라

사탄도 답답遝遝해 하는 사람이 있다.

미국 제16대 대통령을 지낸 아브라함 링컨Abraham Lincoln은 미국에서 가장 존경받는 인물이다. 그는 하나님의 말씀 갈라디아서 3:28을 근거로 노예 해방 운동을 펼쳤다.

그 결과 흑인 노예들은 육신적, 환경적 해방을 얻었으나 그들의 영혼은 사탄의 권세 아래 그대로였다. 사탄은 오늘날의 미국 교회를 바라보면서 인권人權이라는 좋은 사상을 이용해 하나님의 주권主權을 차선次善으로 몰아내고 추락시킨 인간 중심의 사상을 비웃고 있을 것이다.

사탄은 복음 외에는 어떤 것이라도 이용한다.

복음만 방법인, 사탄도 답답遝遝해 하는 사람은 영원히 수치를 당하지 않을 것이다. 시 71:1

복음만 방법인, 사탄도 답답遝遝해 하는 사람은 늙어 백발이 되어도, 힘이 쇠약할 때에도 수치를 당하지 않을 것이다. 시 71:9

촙 유창할 답 유창하다. 끓다. 끓어 넘치다. 합치다
遝 뒤섞일 답 뒤섞이다. 미치다. 따라붙다. 뒤섞인 모양

복음만 방법인 사탄도 답답遝遝해 하는 사람은 후대까지도 수치를 당하지

않을 것이다. 시 71:18

복음만 방법인 사람은 범사凡事에 하나님의 의이신 그리스도만 고백한다.

시 71:24

갈 3:28

너희는 유대인이나 헬라인이나 종이나 자유인이나 남자나 여자나 다 그리스도 예수

안에서 하나이니라

시 71:1~5, 9, 18, 24

1 여호와여 내가 주께 피하오니 내가 영원히 수치를 당하게 하지 마소서

2 주의 의로 나를 건지시며 나를 풀어 주시며 주의 귀를 내게 기울이사 나를 구원하소서

3 주는 내가 항상 피하여 숨을 바위가 되소서 주께서 나를 구원하라 명령하셨으니 이는

주께서 나의 반석이시요 나의 요새이심이니이다

4 나의 하나님이여 나를 악인의 손 곧 불의한 자와 흉악한 자의 장중에서 피하게 하소서

5 주 여호와여 주는 나의 소망이시요 내가 어릴 때부터 신뢰한 이시라

9 늙을 때에 나를 버리지 마시며 내 힘이 쇠약할 때에 나를 떠나지 마소서

18 하나님이여 내가 늙어 백발이 될 때에도 나를 버리지 마시며 내가 주의 힘을 후대에

전하고 주의 능력을 장래의 모든 사람에게 전하기까지 나를 버리지 마소서

24 나의 혀도 종일토록 주의 의를 작은 소리로 읊조리오리니 나를 모해하려 하던 자들이

수치와 무안을 당함이니이다

자녀를 위한 간구 시편 72:1~20

> 시편 72:1
> 하나님이여 주의 판단력을 왕에게 주시고 주의 공의를 왕의 아들에게 주소서

서울대학교 법학과 66학번 김기두(72세)씨는 쓰레기로 가득한 고시촌 쪽방에서 50년째 사법고시를 준비하고 있다. 그의 부모는 아들 고시공부 뒷바라지에 많은 재산을 정리해야 했고 아내와 자녀들은 먹고 살기 위해 그를 떠나갔다. 그는 20년간 지하철역에서 5백 원짜리 칫솔을 팔고 있으며 유명 변호사로 자리를 잡은 법대 동기들이 그를 조금씩 돕고 있다. 그는 이미 정신질환을 겪고 있었다.

자신은 왕족이라며 손가락에 왕관 문형의 반지를 끼고 정부政府에서 자신을 감시한다고 과대망상하며, 이미 이혼한 아내와 통화를 한다며 공중전화 수화기에 혼자서 대화를 주고받곤 한다.

그의 부모는 그를 위하여 무엇을 간구懇求했을까?

많은 재산을 정리해 뒷바라지를 하면서 어떤 결과를 기대했을까?

다윗은 그의 아들 솔로몬을 위해서 이렇게 간구했다.

"주의 공의를 왕의 아들에게 주소서." 시 72:1

하나님의 공의되신 그리스도의 비밀과 그 안에 있는 축복을 알도록 기도
했다. 그리고 비밀과 축복을 모든 사람에게 전달하는 전도자가 되기를
기도했다. 시 72:2~19

왕王인 아버지가 왕王이 될 아들을 위해서 하는 기도이다. 시 72:20

자녀들을 위한 당신의 기도는 무엇인가?

What is your prayer for your children?

시 72:1~20

1 하나님이여 주의 판단력을 왕에게 주시고 주의 공의를 왕의 아들에게 주소서

2 그가 주의 백성을 공의로 재판하며 주의 가난한 자를 정의로 재판하리니

3 의로 말미암아 산들이 백성에게 평강을 주며 작은 산들도 그리하리로다

4 그가 가난한 백성의 억울함을 풀어 주며 궁핍한 자의 자손을 구원하며 압박하는 자를 꺾으리로다

5 그들이 해가 있을 동안에도 주를 두려워하며 달이 있을 동안에도 대대로 그리하리로다

6 그는 벤 풀 위에 내리는 비 같이, 땅을 적시는 소낙비 같이 내리리니

7 그의 날에 의인이 흥왕하여 평강의 풍성함이 달이 다할 때까지 이르리로다

8 그가 바다에서부터 바다까지와 강에서부터 땅 끝까지 다스리리니

9 광야에 사는 자는 그 앞에 굽히며 그의 원수들은 티끌을 핥을 것이며

10 다시스와 섬의 왕들이 조공을 바치며 스바와 시바 왕들이 예물을 드리리로다

11 모든 왕이 그의 앞에 부복하며 모든 민족이 다 그를 섬기리로다

12 그는 궁핍한 자가 부르짖을 때에 건지며 도움이 없는 가난한 자도 건지며

13 그는 가난한 자와 궁핍한 자를 불쌍히 여기며 궁핍한 자의 생명을 구원하며

14 그들의 생명을 압박과 강포에서 구원하리니 그들의 피가 그의 눈 앞에서 존귀히 여김을 받으리로다

15 그들이 생존하여 스바의 금을 그에게 드리며 사람들이 그를 위하여 항상 기도하고 종일 찬송하리로다

16 산 꼭대기의 땅에도 곡식이 풍성하고 그것의 열매가 레바논 같이 흔들리며 성에 있는 자가 땅의 풀 같이 왕성하리로다

17 그의 이름이 영구함이여 그의 이름이 해와 같이 장구하리로다 사람들이 그로 말미암아 복을 받으리니 모든 민족이 다 그를 복되다 하리로다

18 홀로 기이한 일들을 행하시는 여호와 하나님 곧 이스라엘의 하나님을 찬송하며

19 그 영화로운 이름을 영원히 찬송할지어다 온 땅에 그의 영광이 충만할지어다 아멘 아멘

20 이새의 아들 다윗의 기도가 끝나니라

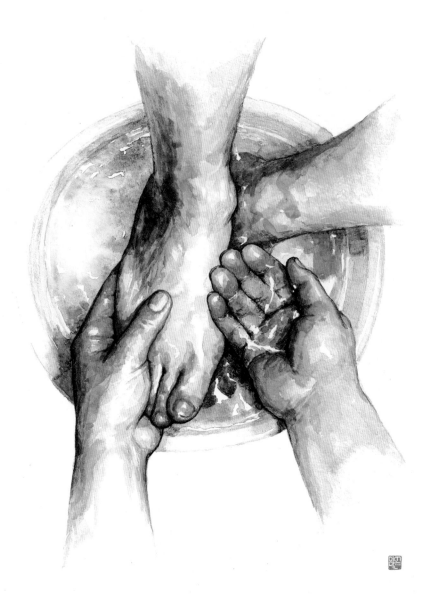

눈 팔아 먹고 소경질한다

시편 73:1~17

> 시편 73:17
> 하나님의 성소에 들어갈 때에야 그들의 종말을 내가 깨달았나이다

농번기의 바쁜 계절에도 돼지에게 때를 거르지 않고 먹이를 주는 부모님을 보면서 그 돼지를 부러워하는 자녀가 있다면, 어느 날 몸무게를 따라 값을 치고 도살꾼에게 팔려간 그 돼지의 값이 자신의 학비로 쓰이는 것을 본다면 부모님이 왜 그렇게 지극정성으로 돼지에게 먹이를 먹였는지 알게 될 것이다.

악인의 형통함을 보고 부러워하거나 질투하는 자가 있다. 시 73:1~12

구원받은 하나님 자녀의 축복을 보는 날에 알게 될 것이다. 시 73:16~17

악인이 그 형통했던 것으로 해결할 수 없는 영적 문제를 만나는 날 알게 될 것이다. 시 73:18~20

세상과 인간의 능력을 안다면 무엇이 참 축복이며 응답인지 알게 될 것이다. 시 73:23~28

눈 팔아 먹고 소경질한다.
한 눈 팔다가 엉뚱한 실수를 한다는 속담

시 73:1~12, 16~20, 23~28

1 하나님이 참으로 이스라엘 중 마음이 정결한 자에게 선을 행하시나

2 나는 거의 넘어질 뻔하였고 나의 걸음이 미끄러질 뻔하였으니

3 이는 내가 악인의 형통함을 보고 오만한 자를 질투하였음이로다

4 그들은 죽을 때에도 고통이 없고 그 힘이 강건하며

5 사람들이 당하는 고난이 그들에게는 없고 사람들이 당하는 재앙도 그들에게는 없나니

6 그러므로 교만이 그들의 목걸이요 강포가 그들의 옷이며

7 살찜으로 그들의 눈이 솟아나며 그들의 소득은 마음의 소원보다 많으며

8 그들은 능욕하며 악하게 말하며 높은 데서 거만하게 말하며

9 그들의 입은 하늘에 두고 그들의 혀는 땅에 두루 다니도다

10 그러므로 그의 백성이 이리로 돌아와서 잔에 가득한 물을 다 마시며

11 말하기를 하나님이 어찌 알랴 지존자에게 지식이 있으랴 하는도다

12 볼지어다 이들은 악인들이라도 항상 평안하고 재물은 더욱 불어나도다

16 내가 어쩌면 이를 알까 하여 생각한즉 그것이 내게 심한 고통이 되었더니

17 하나님의 성소에 들어갈 때에야 그들의 종말을 내가 깨달았나이다

18 주께서 참으로 그들을 미끄러운 곳에 두시며 파멸에 던지시니

19 그들이 어찌하여 그리 갑자기 황폐되었는가 놀랄 정도로 그들은 전멸하였나이다

20 주여 사람이 깬 후에는 꿈을 무시함 같이 주께서 깨신 후에는 그들의 형상을 멸시하시리이다

23 내가 항상 주와 함께 하니 주께서 내 오른손을 붙드셨나이다

24 주의 교훈으로 나를 인도하시고 후에는 영광으로 나를 영접하시리니

25 하늘에서는 주 외에 누가 내게 있으리요 땅에서는 주 밖에 내가 사모할 이 없나이다

26 내 육체와 마음은 쇠약하나 하나님은 내 마음의 반석이시요 영원한 분깃이시라

27 무릇 주를 멀리하는 자는 망하리니 음녀 같이 주를 떠난 자를 주께서 다 멸하셨나이다

28 하나님께 가까이 함이 내게 복이라 내가 주 여호와를 나의 피난처로 삼아 주의 모든 행적을 전파하리이다

언약의 여정 The Covenant Journey | 시편 74:1~17

> 시편 74:12
> 하나님은 예로부터 나의 왕이시라 사람에게 구원을 베푸셨나이다

하나님은 언약言約의 하나님이시다.

나는 그 언약 속에 있는 언약의 백성이다.

언약 속에 있는 자가 만나는 크고 작은 사건들은 언약의 여정이다.

사람이 보기에는 하나님께 버림받은 것처럼 보인다. 시 74:1

사람이 보기에는 벌목伐木 당한 삼림森林처럼 헐벗어 보인다. 시 74:5

사람이 보기에는 희망이 없는 자, 도울 자가 없는 자처럼 보인다. 시 74:6~9

그러나 그 길은 언약의 여정이다.

하나님은 언약의 백성을 근본적으로 구원하셨다. 시 74:2, 12

시 74:1~2, 6~9, 12~17

1 하나님이여 주께서 어찌하여 우리를 영원히 버리시나이까 어찌하여 주께서 기르시는
   양을 향하여 진노의 연기를 뿜으시나이까

2 옛적부터 얻으시고 속량하사 주의 기업의 지파로 삼으신 주의 회중을 기억하시며
   주께서 계시던 시온 산도 생각하소서

6 이제 그들이 도끼와 철퇴로 성소의 모든 조각품을 쳐서 부수고

7 주의 성소를 불사르며 주의 이름이 계신 곳을 더럽혀 땅에 엎었나이다

8 그들이 마음속으로 이르기를 우리가 그들을 진멸하자 하고 이 땅에 있는 하나님의
   모든 회당을 불살랐나이다

9 우리의 표적은 보이지 아니하며 선지자도 더 이상 없으며 이런 일이 얼마나 오랠는지
   우리 중에 아는 자도 없나이다

12 하나님은 예로부터 나의 왕이시라 사람에게 구원을 베푸셨나이다

13 주께서 주의 능력으로 바다를 나누시고 물 가운데 용들의 머리를 깨뜨리셨으며

14 리워야단의 머리를 부수시고 그것을 사막에 사는 자에게 음식물로 주셨으며

15 주께서 바위를 쪼개어 큰 물을 내시며 주께서 늘 흐르는 강들을 마르게 하셨나이다

16 낮도 주의 것이요 밤도 주의 것이라 주께서 빛과 해를 마련하셨으며

17 주께서 땅의 경계를 정하시며 주께서 여름과 겨울을 만드셨나이다

기이한 일 <small>시편 75:1~10</small>

> 시편 75:1
> 하나님이여 우리가 주께 감사하고 감사함은 주의 이름이 가까움이라
> 사람들이 주의 기이한 일들을 전파하나이다

내 행위와 상관없이 나는 멸망받을 죄인이 된 것이다. 롬 5:12, 14

기이한 일이다.

내 행위와 상관없이 나는 구원받은 의인이 된 것이다. 롬 3:20, 23~24

기이한 일이다.

멸망받을 악인과 오만하고 교만한 자는 이 기이한 일에 다른 사상을

섞는다. 시 75:4~7

이 기이한 일이 세상 지식이 되고 사상이 되는 것이 주님이 움직이는

역사(歷史)의 축이다.

주님의 눈과 손은 이 기이한 일에 섞여 있는 다른 사상을 쏟아내는 데

있다. 시 75:8

그것이 곧 예수가 그리스도라는 복음의 말씀 운동이다.

"Jesus is the Christ."

기이한 일
일반적 상식에서 벗어난

시 75:1~10

1 하나님이여 우리가 주께 감사하고 감사함은 주의 이름이 가까움이라 사람들이 주의 기이한 일들을 전파하나이다

2 주의 말씀이 내가 정한 기약이 이르면 내가 바르게 심판하리니

3 땅의 기둥은 내가 세웠거니와 땅과 그 모든 주민이 소멸되리라 하시도다 (셀라)

4 내가 오만한 자들에게 오만하게 행하지 말라 하며 악인들에게 뿔을 들지 말라 하였노니

5 너희 뿔을 높이 들지 말며 교만한 목으로 말하지 말지어다

6 무릇 높이는 일이 동쪽에서나 서쪽에서 말미암지 아니하며 남쪽에서도 말미암지 아니하고

7 오직 재판장이신 하나님이 이를 낮추시고 저를 높이시느니라

8 여호와의 손에 잔이 있어 술 거품이 일어나는도다 속에 섞은 것이 가득한 그 잔을 하나님이 쏟아 내시나니 실로 그 찌꺼기까지도 땅의 모든 악인이 기울여 마시리로다

9 나는 야곱의 하나님을 영원히 선포하며 찬양하며

10 또 악인들의 뿔을 다 베고 의인의 뿔은 높이 들리로다

롬 3:20, 23, 24

20 그러므로 율법의 행위로 그의 앞에 의롭다 하심을 얻을 육체가 없나니 율법으로는 죄를 깨달음이니라

23 모든 사람이 죄를 범하였으매 하나님의 영광에 이르지 못하더니

24 그리스도 예수 안에 있는 속량으로 말미암아 하나님의 은혜로 값 없이 의롭다 하심을 얻은 자 되었느니라

롬 5:12~14

12 그러므로 한 사람으로 말미암아 죄가 세상에 들어오고 죄로 말미암아 사망이 들어왔나니 이와 같이 모든 사람이 죄를 지었으므로 사망이 모든 사람에게 이르렀느니라

13 죄가 율법 있기 전에도 세상에 있었으나 율법이 없었을 때에는 죄를 죄로 여기지 아니하였느니라

14 그러나 아담으로부터 모세까지 아담의 범죄와 같은 죄를 짓지 아니한 자들까지도 사망이 왕노릇 하였나니 아담은 오실 자의 모형이라

거기에서 There | 시편 76:1~3

시편 76:3
거기에서 그가 화살과 방패와 칼과 전쟁을 없이하셨도다

2018년 6월 12일, 싱가포르 센토사섬 카펠라 호텔에서 미국 대통령 도널드 트럼프Donald trump와 북한의 국무위원장 김정은이 만나는 북미 정상회담이 있었다.

두 정상이 만나서 합의해야 할 가장 중대한 사안은 북한이 보유하고 있는 핵무기와 ICBM 대륙 간 탄도미사일 개발을 중단하는 것이다. 그리고 그에 대한 보상으로 미국은 국제사회에서 소외된 북한에 대한 모든 제재 制裁를 풀어주는 것이다.

두 정상이 회담에서 이 문제에 합의하고 합의문에 서명을 하고 나면, 실제 북한이 보유하고 있는 핵과 탄도미사일 개발 아이디어idea는 무력화되는 것이다.

실제 북한이 보유하고 있는 핵무기와 미사일 개발 아이디어의 무력화는 바로 '거기there', 싱가포르 센토사섬 카펠라 호텔에서 양국 두 정상의 합의서로 이뤄졌다.

이천년 전 예수 그리스도께서 갈보리 산 십자가 위에서 하나님의 언약을 이루셨다. 요 19:30, 갈 3:13~14

이천 년 전 이스라엘 땅에서 이 언약이 성취되었으니, 모든 민족과 모든 사람 위에 왕 노릇 하던 사탄의 권세는 무력화된 것이다.

우리 하나님의 거기There가 갈보리 산의 그리스도이시다. 시 76:3

시 76:1~3

1 하나님은 유다에 알려지셨으며 그의 이름이 이스라엘에 알려지셨도다

2 그의 장막은 살렘에 있음이여 그의 처소는 시온에 있도다

3 거기에서 그가 화살과 방패와 칼과 전쟁을 없이하셨도다 (셀라)

요 19:30

예수께서 신 포도주를 받으신 후에 이르시되 다 이루었다 하시고 머리를 숙이니 영혼이 떠나가시니라

갈 3:13~14

13 그리스도께서 우리를 위하여 저주를 받은 바 되사 율법의 저주에서 우리를 속량하셨으니 기록된 바 나무에 달린 자마다 저주 아래에 있는 자라 하였음이라

14 이는 그리스도 예수 안에서 아브라함의 복이 이방인에게 미치게 하고 또 우리로 하여금 믿음으로 말미암아 성령의 약속을 받게 하려 함이라

아직도 미완성 시편 77:11~15

> 시편 77:14~15
> 주는 기이한 일을 행하신 하나님이시라 민족들 중에 주의 능력을 알리시고
> 주의 팔로 주의 백성 곧 야곱과 요셉의 자손을 속량 하셨나이다(셀라)

EBS 라디오 방송 진행자가 시청자들에게 지금까지 살아온 인생을 여섯 글자로 표현하여 문자로 보내달라는 요청을 했다.

숱한 사연과 긴 인생여정人生旅程을 누가 여섯 글자로 쉽게 표현할 수 있겠는가? 그런데 2~3분이 지나고 한 청취자가 보내온 문자 내용이 소개됐다.

'아직도 미완성'. 누구라도 공감할 수 있는 표현이다. 만약 상금이 걸려 있었다면 대상은 확실했을 것이다.

그렇다. 부富, 귀貴, 영화榮華를 다 얻어도 인간 스스로 해결할 수 없는 죄罪, 사탄, 지옥 문제를 해결하지 못하는 한 인생은 미완성이다.

그러나 그리스도를 통해서 하나님을 만나고, 죄와 사탄, 지옥 권세에서 해방된 우리의 인생은 미완성이 아니다. 완성된 인생이다. 끝이 난 인생이다.

인간은 부, 귀, 영화가 필요한 것이 아니다.

하나님이 주시는 답이 필요하다.

인간은 사람의 위로가 필요한 것이 아니다. 시 77:2

하나님의 은혜가 필요하다. 시 77:7

인간은 올바른 행실이 필요한 것이 아니다.

주의 인자와 긍휼이 필요하다. 시 77:8~9

하나님이 주시는 답과 은혜恩惠, 인자仁慈, 긍휼矜恤이 그리스도 이시다.

이 기이한 일을 잊어버리지 않도록 작은 소리로 읊조리며, 낮은 소리로 되뇌이리이다. 시 77:11~12

시 77:2, 7~9, 11~15

2 나의 환난 날에 내가 주를 찾았으며 밤에는 내 손을 들고 거두지 아니하였나니 내 영혼이 위로 받기를 거절하였도다

7 주께서 영원히 버리실까, 다시는 은혜를 베풀지 아니하실까,

8 그의 인자하심은 영원히 끝났는가, 그의 약속하심도 영구히 폐하였는가,

9 하나님이 그가 베푸실 은혜를 잊으셨는가, 노하심으로 그가 베푸실 긍휼을 그치셨는가 하였나이다 (셀라)

11 곧 여호와의 일들을 기억하며 주께서 옛적에 행하신 기이한 일을 기억하리이다

12 또 주의 모든 일을 작은 소리로 읊조리며 주의 행사를 낮은 소리로 되뇌리이다

13 하나님이여 주의 도는 극히 거룩하시오니 하나님과 같이 위대하신 신이 누구오니이까

14 주는 기이한 일을 행하신 하나님이시라 민족들 중에 주의 능력을 알리시고

15 주의 팔로 주의 백성 곧 야곱과 요셉의 자손을 속량하셨나이다 (셀라)

Complex 시 78:68~72

시편 78:70~72
또 그의 종 다윗을 택하시되 양의 우리에서 취하시며 젖 양을 지키는 중에서
그를 이끌어 내사 그의 백성인 야곱 그의 소유인 이스라엘을 기르고
그의 손의 능숙함으로 그들을 지도하였도다.

세상에는 어두움과 멸망의 구조를 가진 힘이 있다.

그리고 빛과 생명의 구조를 가진 힘이 존재한다.

세상에서 일등이 되려고 하는 사람들에게 주로 찾아오는 것이 콤플렉스다.

콤플렉스에 빠진 사람은 참 응답을 놓치게 된다. 시 78:9~11

오직 하나님만이 목적이 된 사람은 콤플렉스를 이기고, 하나님의 참 응답이

보인다. 시 78:68~69

오직의 사람은 하나님의 언약言約이 기능이 되고 실력이 되고 능력이 되는

사람이다.

Complex 콤플렉스
사람의 마음속에 서로 다른 구조를 가진 힘의 존재를 의미하는
정신 분석학적 개념으로 사용하는 용어

시 78:9~11

9 에브라임 자손은 무기를 갖추며 활을 가졌으나 전쟁의 날에 물러갔도다

10 그들이 하나님의 언약을 지키지 아니하고 그의 율법 준행을 거절하며

11 여호와께서 행하신 것과 그들에게 보이신 그의 기이한 일을 잊었도다

시 78:68~72

68 오직 유다 지파와 그가 사랑하시는 시온 산을 택하시며

69 그의 성소를 산의 높음같이, 영원히 두신 땅 같이 지으셨도다

70 또 그의 종 다윗을 택하시되 양의 우리에서 취하시며

71 젖 양을 지키는 중에서 그를 이끌어 내사 그의 백성인 야곱, 그의 소유인 이스라엘을 기르고

72 그의 손의 능숙함으로 그들을 지도하였도다

조급증 시편 78:12~20

> 시편 78:16~17
> 또 바위에서 시내를 내사 물이 강 같이 흐르게 하셨으나
> 그들은 계속해서 하나님께 범죄하여 메마른 땅에서 지존자를 배반하였도다

조급함과 조급증은 다르다.

조급함은 급한 상황에서 일시적으로 생기는 마음이다.

그러나 조급증은 병적인 것으로 분리된다.

애굽에서 나온 히브리인들은 조급증 환자들이다. 시 78:18~20

하나님께서 애굽에서 행하신 구원과 광야 길에 함께하심을 보고도 상황이

조금만 바뀌면 조급증이 발동한다. 시 78:12~16

조급증에 붙잡힌 시간은 헛된 시간이다.

두려움의 시간이다. 시 78:33

이렇게 무가치한 조급증에서 벗어나는 유일한 방법은 그리스도를 체험

하는 것이다. 시 78:68~69

조급증을 치유하는 실체가 그리스도이시다.

O my soul in God, lets just hope. 시 62:5

Because the Lord is my God.

시 62:5

나의 영혼아 잠잠히 하나님만 바라라 무릇 나의 소망이 그로부터 나오는도다

시 78:12~20, 33, 68~69

12 옛적에 하나님이 애굽 땅 소안 들에서 기이한 일을 그들의 조상들의 목전에서 행하셨으되

13 그가 바다를 갈라 물을 무더기 같이 서게 하시고 그들을 지나가게 하셨으며

14 낮에는 구름으로, 밤에는 불빛으로 인도하셨으며

15 광야에서 반석을 쪼개시고 매우 깊은 곳에서 나오는 물처럼 흡족하게 마시게 하셨으며

16 또 바위에서 시내를 내사 물이 강 같이 흐르게 하셨으나

17 그들은 계속해서 하나님께 범죄하여 메마른 땅에서 지존자를 배반하였도다

18 그들이 그들의 탐욕대로 음식을 구하여 그들의 심중에 하나님을 시험하였으며

19 그뿐 아니라 하나님을 대적하여 말하기를 하나님이 광야에서 식탁을 베푸실 수 있으랴

20 보라 그가 반석을 쳐서 물을 내시니 시내가 넘쳤으나 그가 능히 떡도 주시며 자기 백성을 위하여 고기도 예비하시랴 하였도다

33 하나님이 그들의 날들을 헛되이 보내게 하시며 그들의 햇수를 두려움으로 보내게 하셨도다

68 오직 유다 지파와 그가 사랑하시는 시온 산을 택하시며

69 그의 성소를 산의 높음 같이, 영원히 두신 땅 같이 지으셨도다

하나님의 생각, 나의 생각 시편 79:9

> 시편 79:5
> 여호와여 어느 때까지니이까 영원히 노하시리이까 주의 질투가 불붙듯 하시리이까

혈액형을 비화秘話한 재미있는 이야기들이 많이 있다.

A형, B형, O형의 혈액형을 가진 세 사람이 식사를 같이하고 있었다.

그런데 한 사람이 아무 말 없이 밖으로 나갔다. 혼자서 오해를 한 것이다. (B형)

그중에 한 사람이 '저 사람 나 때문에 나간 거지'라고 한다. (A형)

그때 나머지 한 사람이 '누가 나갔느냐'고 묻는다. (O형)

신앙信仰은 신학神學이 개인화된 상태를 말한다.

신학은 하나님의 기준이다.

하나님의 기준이 나에게 적용되는 것이 신앙이다.

그러나 마치 혈액형에 따라 성품이 나오는 것처럼 많은 사람들은 자신의 기준과 환경에 따라 하나님의 신앙을 갖게 된다.

내 환경의 원인을 이웃나라가 침공했기 때문이라고 생각한다. 시 79:1~3

환경의 원인을 하나님의 진노 때문이라고 생각한다. 시 79:5

환경의 원인을 조상의 죄 때문이라고 생각한다. 시 79:8

겉으로 보이는 현상을 이웃나라의 침공, 하나님의 진노, 조상들에게 원인이 있는 것처럼 여긴다.

그러나 근본 하나님의 생각은 우리를 구원하시며, 주의 이름을 나타내
시며, 대적자들의 근본을 멸하시는 것에 있다. 시 79:9~13

시 79:1~3, 5, 8, 9~13

1 하나님이여 이방 나라들이 주의 기업의 땅에 들어와서 주의 성전을 더럽히고 예루
살렘이 돌무더기가 되게 하였나이다

2 그들이 주의 종들의 시체를 공중의 새에게 밥으로, 주의 성도들의 육체를 땅의 짐승
에게 주며

3 그들의 피를 예루살렘 사방에 물 같이 흘렸으나 그들을 매장하는 자가 없었나이다

5 여호와여 어느 때까지니이까 영원히 노하시리이까 주의 질투가 불붙듯 하시리이까

8 우리 조상들의 죄악을 기억하지 마시고 주의 긍휼로 우리를 속히 영접하소서 우리가
매우 가련하게 되었나이다

9 우리 구원의 하나님이여 주의 이름의 영광스러운 행사를 위하여 우리를 도우시며
주의 이름을 증거하기 위하여 우리를 건지시며 우리 죄를 사하소서

10 이방 나라들이 어찌하여 그들의 하나님이 어디 있느냐 말하나이까 주의 종들이
피 흘림에 대한 복수를 우리의 목전에서 이방 나라에게 보여 주소서

11 갇힌 자의 탄식을 주의 앞에 이르게 하시며 죽이기로 정해진 자도 주의 크신 능력을
따라 보존하소서

12 주여 우리 이웃이 주를 비방한 그 비방을 그들의 품에 칠 배나 갚으소서

13 우리는 주의 백성이요 주의 목장의 양이니 우리는 영원히 주께 감사하며 주의 영예를
대대에 전하리이다

기도와 응답 시편 80:4

> 시편 80:4
> 만군의 하나님 여호와여 주의 백성의 기도에 대하여 어느 때까지 노하시리이까

과세課稅의 대상이나 정부의 규제로부터 피하기 위하여 합법적, 비합법적 방법으로 이루어지는 경제經濟를 지하경제라고 한다.

사업가들 사이에서는 큰손이라고 불리는, 지하경제를 움직이는 특수층의 사람이 있다.

부산에도 상당한 지하경제를 움직이는 사람이 있었다.

그는 자녀가 없었다. 그래서 성실한 청년을 양자로 삼고 모든 재산관리를 맡겼다. 그러던 어느 날 그는 양자가 약간의 돈을 개인적으로 사용한 것을 알게 되었다.

이후로 다툼이 자주 일어났으며 결국 그는 심한 다툼 끝에 자살을 하고 말았다. 수백억 원의 돈을 가진 사람이 얼마 되지 않는 돈 때문에 극단적인 행동을 한 것이다.

내 입장과 내 주변을 보면 응답이 없어 보인다.

내 상황과 내가 주±가 된 입장에서 보면 그렇다.

이웃나라가 망하고 대적자들이 넘어지는 것이 응답이라고 생각하는 기준에서는 그렇다.

그러나 하나님이 내게 주신 것과 주실 것을 알면 그 기준은 틀린 것이다.

받은 것을 알 때 비로소 받을 응답이 보인다.

아스라엘 민족을 애굽에서 건져내셔서 가나안 땅을 주신 하나님이 앗

수르의 침공을 받고, 바벨론의 포로가 되게 한 것은 하나님이 준비하신 시대적 응답이 있기 때문이다. 시 80:8~13

그리스도의 피값으로 나를 구원하신 하나님이 나의 기도에 응답을 미루시는 것은 하나님이 준비하신 다른 응답이 있기 때문이다.

그 다른 응답은 그리스도를 누리는 것이다. 시 80:17~19

시 80:4, 8~13, 17~19

4 만군의 하나님 여호와여 주의 백성의 기도에 대하여 어느 때까지 노하시리이까

8 주께서 한 포도나무를 애굽에서 가져다가 민족들을 쫓아내시고 그것을 심으셨나이다

9 주께서 그 앞서 가꾸셨으므로 그 뿌리가 깊이 박혀서 땅에 가득하며

10 그 그늘이 산들을 가리고 그 가지는 하나님의 백향목 같으며

11 그 가지가 바다까지 뻗고 넝쿨이 강까지 미쳤거늘

12 주께서 어찌하여 그 담을 허시사 길을 지나가는 모든 이들이 그것을 따게 하셨나이까

13 숲 속의 멧돼지들이 상해하며 들짐승들이 먹나이다

17 주의 오른쪽에 있는 자 곧 주를 위하여 힘있게 하신 인자에게 주의 손을 얹으소서

18 그리하시면 우리가 주에게서 물러가지 아니하오리니 우리를 소생하게 하소서 우리가 주의 이름을 부르리이다

19 만군의 하나님 여호와여 우리를 돌이켜 주시고 주의 얼굴의 광채를 우리에게 비추소서 우리가 구원을 얻으리이다

증언 證言 | 시편 81:5~10

애굽을 멸하시고 거기서 구원하신 것과 수고를 쉬게 하신 것을 증언
하리라 하신다. 시 81:5~6
홍해를 가르신 능력과 반석에서 생수가 넘쳐나게 하신 기적에 대하여
증언하시겠다고 하신다. 시 81:7~8
그 사실에 대한 증명이 그리스도이시다.
범사에 그리스도를 구함이 입을 크게 열어 구하는 것이다. 시 81:10

—

증언 證言
어떤 사실을 증명함

5 하나님이 애굽 땅을 치러 나아가시던 때에 요셉의 족속 중에 이를 증거로 세우셨도다
  거기서 내가 알지 못하던 말씀을 들었나니

6 이르시되 내가 그의 어깨에서 짐을 벗기고 그의 손에서 광주리를 놓게 하였도다

7 네가 고난 중에 부르짖으매 내가 너를 건졌고 우렛소리의 은밀한 곳에서 네게 응답
  하며 므리바 물 가에서 너를 시험하였도다 (셀라)

8 내 백성이여 들으라 내가 네게 증언하리라 이스라엘이여 내게 듣기를 원하노라

9 너희 중에 다른 신을 두지 말며 이방 신에게 절하지 말지어다

10 나는 너를 애굽 땅에서 인도하여 낸 여호와 네 하나님이니 네 입을 크게 열라 내가
   채우리라 하였으나

선善한 일과 악惡한 일 시편 82:8

시편 82:8
하나님이여 일어나사 세상을 심판하소서 모든 나라가 주의 소유이기 때문이니이다

대한민국大韓民國 정부政府가 정하는 법法. 선善과 악惡을 구별하여 상賞과 벌罰을 주는 여러 가지 규정이 있다.

하나님 나라의 법은 선한 일과 악한 일로 구분한다. 선한 일은 복음을 위한 모든 일이며, 악한 일은 복음과 관계없는 모든 일이다.

이 땅에 사는 사람은 두 종류로 나눠진다.

복음을 위하여 수고하는 사람과 복음을 막기 위하여 수고하는 사람이다. 시 82:2

나는 악한 일에는 가난한 자이다.

나는 악한 일에는 고아와 같다.

나는 악한 일에는 빈궁한 자이다.

나는 악한 일에는 궁핍한 자이다. 시 82:3~4

그러나 하나님의 공의와 구원하심을 드러내는 일에는 그 풍성豊盛함이 끝이 없는 자이다.

하나님의 공의와 구원하심이 그리스도 예수이시다.

시 82:2~4. 8

2 너희가 불공평한 판단을 하며 악인의 낯 보기를 언제까지 하려느냐 (셀라)

3 가난한 자와 고아를 위하여 판단하며 곤란한 자와 빈궁한 자에게 공의를 베풀지며

4 가난한 자와 궁핍한 자를 구원하여 악인들의 손에서 건질지니라 하시는도다

8 하나님이여 일어나사 세상을 심판하소서 모든 나라가 주의 소유이기 때문이니이다

anti 시편 83:1

시편 83:1
하나님이여 침묵하지 마소서 하나님이여 잠잠하지 마시고 조용하지 마소서 무릇 주의
원수들이 떠들며 주를 미워하는 자들이 머리를 들었나이다

일부 연예인이 안티 댓글로 인해 활동을 중단하거나 우울증, 대인 기피
증세로 시달리거나 자살하는 일이 종종 일어난다. 안티 댓글을 작성하는
사람들을 힘 빠지게 하는 방법은 댓글에 관심을 갖지 않고 자신의 행보를
지속하는 것이다.

시편 83편의 저자는 자신의 행보를 방해하는 안티 꾼들에 대하여 잠잠
하지 말것을 소원한다. 시 83:1

그들의 목적은 복음운동을 훼방하는 것이다. 시 83:2~4

그들은 복음 막는 일에 동맹을 한다. 시 83:5~8

그러나 그들의 결말은 굴러가는 검불과 바람에 날리는 지푸라기 같게
된다. 시 83:9~17

복음운동을 훼방하는 안티에 대응하는 방법은 오직 복음의 끝을 붙잡는
것이다. 그리스도 안에서 문제 해결이 목적이라면 불신앙이다(예수가
그리스도라는 사실에 대해서는 그렇다).

예수를 믿는 이유와 목적은 다른 것이 아닌, 구원을 얻는 것이다.

그리스도 안에서 '할 수 있다'가 아니다. 그리스도 예수 안에서 끝이다.

—

anti 안티
어떤 대상에 대하여 반대하는 입장 또는 그런 사람

시 83:1~18

1 하나님이여 침묵하지 마소서 하나님이여 잠잠하지 마시고 조용하지 마소서

2 무릇 주의 원수들이 떠들며 주를 미워하는 자들이 머리를 들었나이다

3 그들이 주의 백성을 치려 하여 간계를 꾀하며 주께서 숨기신 자를 치려고 서로 의논하여

4 말하기를 가서 그들을 멸하여 다시 나라가 되지 못하게 하여 이스라엘의 이름으로 다시는 기억되지 못하게 하자 하나이다

5 그들이 한마음으로 의논하고 주를 대적하여 서로 동맹하니

6 곧 에돔의 장막과 이스마엘인과 모압과 하갈인이며

7 그발과 암몬과 아말렉이며 블레셋과 두로 사람이요

8 앗수르도 그들과 연합하여 롯 자손의 도움이 되었나이다(셀라)

9 주는 미디안인에게 행하신 것 같이, 기손 시내에서 시스라와 야빈에게 행하신 것 같이 그들에게도 행하소서

10 그들은 엔돌에서 패망하여 땅에 거름이 되었나이다

11 그들의 귀인들이 오렙과 스엡 같게 하시며 그들의 모든 고관들은 세바와 살문나와 같게 하소서

12 그들이 말하기를 우리가 하나님의 목장을 우리의 소유로 취하자 하였나이다

13 나의 하나님이여 그들이 굴러가는 검불 같게 하시며 바람에 날리는 지푸라기 같게 하소서

14 삼림을 사르는 불과 산에 붙는 불길 같이

15 주의 광풍으로 그들을 쫓으시며 주의 폭풍으로 그들을 두렵게 하소서

16 여호와여 그들의 얼굴에 수치가 가득하게 하사 그들이 주의 이름을 찾게 하소서

17 그들로 수치를 당하여 영원히 놀라게 하시며 낭패와 멸망을 당하게 하사

18 여호와라 이름하신 주만 온 세계의 지존자로 알게 하소서

정직 正直 | 시편 84:11~12

유치원 졸업식에서는 졸업생을 격려하는 차원에서 여러 종류의 상을 만
들어 시상하곤 한다.

그중에 정직한 어린이 상賞이 있다. 거짓말을 하지 않고 자신의 실수失手와
잘못을 선생님께 낱낱이 고했다는 것이다.

시편 84편의 저자는 여호와 하나님께서는 정직하게 행하는 자에게 좋은
것을 아끼지 아니하실 것이라고 한다. 시 84:11

하나님 앞에 정직함은 그리스도를 찾는 것이다.

시 84:11~12

11 여호와 하나님은 해요 방패이시라 여호와께서 은혜와 영화를 주시며 정직하게 행하는
　자에게 좋은 것을 아끼지 아니하실 것임이니이다
12 만군의 여호와여 주께 의지하는 자는 복이 있나이다

동명실이 同名實異 | 시편 84:10

같은 지역에서 같은 조건을 가지고 생활한다고 해도 함께하는 사람이
누구인가에 따라 열매는 다르게 나타난다.

직함職銜이 같은 위치에 있더라도 누구로부터 받은 직함인가에 따라
권능權能과 열매는 다르다.

시편詩篇84편의 저자는 주님과 함께하는 하루가 다른 곳–세상–에서의
천 날 보다 낫고, 하나님의 계획을 이루는 작은 일이 큰 역사를 이루는
악인의 일 보다 좋다고 한다. 시 84:10

그 어떤 자리와 성공成功으로도 하나님과 동행할 수 없다.

인간문제 원인과 그 배경인 사탄을 이길 수 없기 때문이다.

주의 장막帳幕과 주의 궁정宮廷이신 주님, 오직 그리스도만 하나님과 함께
할 수 있는 비밀이며 사탄을 무릎 꿇게 하는 이름이다. 시 84:1~7

동명실이 同名實異
이름은 같아도 열매는 다르다는 뜻

시 84:1～7, 10

1 만군의 여호와여 주의 장막이 어찌 그리 사랑스러운지요

2 내 영혼이 여호와의 궁정을 사모하여 쇠약함이여 내 마음과 육체가 살아 계시는 하나님께 부르짖나이다

3 나의 왕, 나의 하나님, 만군의 여호와여 주의 제단에서 참새도 제 집을 얻고 제비도 새끼 둘 보금자리를 얻었나이다

4 주의 집에 사는 자들은 복이 있나니 그들이 항상 주를 찬송하리이다 (셀라)

5 주께 힘을 얻고 그 마음에 시온의 대로가 있는 자는 복이 있나이다

6 그들이 눈물 골짜기로 지나갈 때에 그곳에 많은 샘이 있을 것이며 이른 비가 복을 채워 주나이다

7 그들은 힘을 얻고 더 얻어 나아가 시온에서 하나님 앞에 각기 나타나리이다

10 주의 궁정에서의 한 날이 다른 곳에서의 천 날보다 나은즉 악인의 장막에 사는 것보다 내 하나님의 성전 문지기로 있는 것이 좋사오니

친고죄 親告罪 | 시편 85:7, 8

> 시편 85:13
> 의가 주의 앞에 앞서 가며 주의 길을 닦으리로다.

이해심이 넓고 후한 마음을 소유한 한 주인에게 습관적으로 주인의 물건을 훔치는 노예가 한 명 있었다. 노예의 반복된 실수와 잘못된 행실에 대해서 주인은 항상 자비慈悲를 베풀어 용서해 주었다.

그러나 그의 실수는 주인의 용서와 상관없이 계속되었다.

주인은 더이상 용서와 자비慈悲로는 한계가 있음을 알고 그 노예를 아들로 삼고 가족의 한 사람으로 등록을 했다. 이제 노예는 종이 아닌 아들의 신분을 얻게 되었다.

그러나 이후에도 실수와 잘못은 계속되었다.

하지만 그가 아들의 신분을 얻은 후부터는 그의 실수는 재롱이 되고 그의 잘못은 신분의 누림이 되었다. 이제 그의 습관적 실수는 친고죄親告罪 즉, 아버지의 고소告訴가 없이는 죄가 성립될 수 없는 것이다.

친고죄 親告罪
범죄의 피해자 기타 법률法律이 정한자의 고소告訴가 있어야 검사가 공소公訴를 제기할 수 있는 상대적 친고죄를 말한다(헌법 제328, 344조)

여호와 하나님께서는 나를 사탄의 손에서 건져내셔서 종이 아닌 아들로 삼으셨다. 시 85:1

여호와 하나님은 나의 죄악과 모든 죄로 인한 분노忿怒와 진노震怒를 영원히 거두셨다. 시 85:2~6

이 세상世上에서 나의 허물과 약점은 하나님 앞에서 하나님의 고소告訴가 없이는 죄가 될 수 없는 친고죄親告罪에 속한 것이다.

나를 사망死亡의 심판에서 영원한 생명生命으로 옮기는 비밀은 하나님의 의 그리스도이시다. 시 85:13

시 85:1, 7, 8, 13

1 여호와여 주께서 주의 땅에 은혜를 베푸사 야곱의 포로 된 자들이 돌아오게 하셨으며

2 주의 백성의 죄악을 사하시고 그들의 모든 죄를 덮으셨나이다 (셀라)

3 주의 모든 분노를 거두시며 주의 진노를 돌이키셨나이다

4 우리 구원의 하나님이여 우리를 돌이키시고 우리에게 향하신 주의 분노를 거두소서

5 주께서 우리에게 영원히 노하시며 대대에 진노하시겠나이까

6 주께서 우리를 다시 살리사 주의 백성이 주를 기뻐하도록 하지 아니하시겠나이까

7 여호와여 주의 인자하심을 우리에게 보이시며 주의 구원을 우리에게 주소서

8 내가 하나님 여호와께서 하실 말씀을 들으리니 무릇 그의 백성, 그의 성도들에게 화평을 말씀하실 것이라 그들은 다시 어리석은 데로 돌아가지 말지로다

13 의가 주의 앞에 앞서 가며 주의 길을 닦으리로다

기도와 응답 應答 | 시편86:8~10

> 시편 86:1
> 여호와여 나는 가난하고 궁핍하오니 주의 귀를 기울여 내게 응답하소서

나는 하나님의 펴쟁이다

기도는 하나님의 성품과 그 능력에 대한 나의 신앙고백이다.

기도하는 것은 무엇을 받기 위해서가 아니다.

이미 주셨고 받은 것에 대한 고백이며 선포이다. 시 86:1~7

기도는 주님의 성품과 능력을 일심, 전심, 지속으로 고백하는 것이다.
시 86:11~12

세상적 문제 해결은 사람이 두려워 하지만, 주님의 성품과 능력에 대한
나의 신앙고백은 사탄이 두려워한다. 시 86:8~10, 13~17

시 86:1〜17

1 여호와여 나는 가난하고 궁핍하오니 주의 귀를 기울여 내게 응답하소서

2 나는 경건하오니 내 영혼을 보존하소서 내 주 하나님이여 주를 의지하는 종을 구원
하소서

3 주여 내게 은혜를 베푸소서 내가 종일 주께 부르짖나이다

4 주여 내 영혼이 주를 우러러보오니 주여 내 영혼을 기쁘게 하소서

5 주는 선하사 사죄하기를 즐거워하시며 주께 부르짖는 자에게 인자함이 후하심이니이다

6 여호와여 나의 기도에 귀를 기울이시고 내가 간구하는 소리를 들으소서

7 나의 환난 날에 내가 주께 부르짖으리니 주께서 내게 응답하시리이다

8 주여 신들 중에 주와 같은 자 없사오며 주의 행하심과 같은 일도 없나이다

9 주여 주께서 지으신 모든 민족이 와서 주의 앞에 경배하며 주의 이름에 영광을 돌리
리이다

10 무릇 주는 위대하사 기이한 일들을 행하시오니 주만이 하나님이시니이다

11 여호와여 주의 도를 내게 가르치소서 내가 주의 진리에 행하오리니 일심으로 주의
이름을 경외하게 하소서

12 주 나의 하나님이여 내가 전심으로 주를 찬송하고 영원토록 주의 이름에 영광을
돌리오리니

13 이는 내게 향하신 주의 인자하심이 크사 내 영혼을 깊은 스올에서 건지셨음이니이다

14 하나님이여 교만한 자들이 일어나 나를 치고 포악한 자의 무리가 내 영혼을 찾았사
오며 자기 앞에 주를 두지 아니하였나이다

15 그러나 주여 주는 긍휼히 여기시며 은혜를 베푸시며 노하기를 더디하시며 인자와
진실이 풍성하신 하나님이시오

16 내게로 돌이키사 내게 은혜를 베푸소서 주의 종에게 힘을 주시고 주의 여종의 아들을
구원하소서

17 은총의 표적을 내게 보이소서 그러면 나를 미워하는 그들이 보고 부끄러워하오리니
여호와여 주는 나를 돕고 위로하시는 이시니이다

10초의 감동

시편 87:1~3
그의 터전이 성산에 있음이여 여호와께서 야곱의 모든 거처보다 시온의 문들을
사랑하시는도다. 하나님의 성이여 너를 가리켜 영광스럽다 말하는도다 (셀라)

세계렘넌트대회 W.R.C의 조직력이 지금처럼 탄탄하지 않았을 때이다.
나는 한국의 렘넌트들을 인솔해서 미국 로스엔젤레스(Los Angeles)
대회를 참석하게 되었다. 대회가 시작되기 전 대회에 참가한 한국 렘넌
트들과 버스 3대에 나눠 타고 가이드의 안내를 받으며 세계 자연 경관
중 하나인 그랜드캐니언Grand canyon에 도착하게 되었다. 출발 3시간 만
이었다.

투어 중 가이드의 장황한 설명에 매료되어 내 마음은 설렘으로 가득 부풀어
있었다.

버스를 주차하고 5분쯤 걸어 그랜드캐니언의 전경이 시야에 들어오는
순간 "우~와!" 감탄사가 터졌다. 실로 장관壯觀이었다.

그러나 감동은 약 10초 정도의 순간뿐이었다.

하나님이 지으시고 만드신 모든 만물은 귀하고 아름다운 것이다.

그러나 그 아들 독생자 그리스도를 보내셔서 이루신 구원, 그 자녀의 아
름다움에 비교할 수는 없을 것이다. 시 87:1~3

하나님 앞에 나를 사랑스럽고 영광스럽게 하는 조건이 그리스도 예수시다.

시 87:1~3

1 그의 터전이 성산에 있음이여

2 여호와께서 야곱의 모든 거처보다 시온의 문들을 사랑하시는도다

3 하나님의 성이여 너를 가리켜 영광스럽다 말하는도다 (셀라)

상황, 상태? 시편 88:1~2

> 시편 88:13
> 여호와여 오직 내가 주께 부르짖었사오니 아침에 나의 기도가 주의 앞에 이르리이다

전기도 들어오지 않는 산골 오지奧地에 삶의 터를 잡은 귀향부부歸鄕夫婦
이야기다.

전자 제품을 사용할 수 없기 때문에 불편함은 말로 다 할 수 없을 뿐더러
인력으로 모든 일을 다 해야 한다. 부인이 깊은 산 계곡물에 빨래를 하면서
하는 말이다.

"빨래 할 때가 제일 행복幸福하고 자부심이 생긴다"고.

도시의 어떤 부호富豪도 누릴 수 없는 일급수로 빨래를 한다는 것이 그
이유였다.

현실의 상황은 재난, 지옥, 무덤, 죽음, 음침, 당황, 흑암이다. 시 88:3~18

그러나 내 영과 마음의 상태는 구원의 하나님을 바라는 것이다. 시 88:1~2, 13

세상이 알 수 없는 유일성의 응답을 가지고 모든 현장을 응답으로 바꾸는
매일이 행복한 시간이다.

매일이 행복하고 범사에 감사한 것은 내가 믿는 예수가 그리스도이기
때문이다.

1 여호와 내 구원의 하나님이여 내가 주야로 주 앞에서 부르짖었사오니

2 나의 기도가 주 앞에 이르게 하시며 나의 부르짖음에 주의 귀를 기울여 주소서

3 무릇 나의 영혼에는 재난이 가득하며 나의 생명은 스올에 가까웠사오니

4 나는 무덤에 내려가는 자 같이 인정되고 힘없는 용사와 같으며

5 죽은 자 중에 던져진 바 되었으며 죽임을 당하여 무덤에 누운 자 같으니이다 주께서
그들을 다시 기억하지 아니하시니 그들은 주의 손에서 끊어진 자니이다

6 주께서 나를 깊은 웅덩이와 어둡고 음침한 곳에 두셨사오며

7 주의 노가 나를 심히 누르시고 주의 모든 파도가 나를 괴롭게 하셨나이다 (셀라)

8 주께서 내가 아는 자를 내게서 멀리 떠나게 하시고 나를 그들에게 가증한 것이 되게
하셨사오니 나는 갇혀서 나갈 수 없게 되었나이다

9 곤란으로 말미암아 내 눈이 쇠하였나이다 여호와여 내가 매일 주를 부르며 주를
향하여 나의 두 손을 들었나이다

10 주께서 죽은 자에게 기이한 일을 보이시겠나이까 유령들이 일어나 주를 찬송하리이까

11 주의 인자하심을 무덤에서, 주의 성실하심을 멸망 중에서 선포할 수 있으리이다

12 흑암 중에서 주의 기적과 잊음의 땅에서 주의 공의를 알 수 있으리이까

14 여호와여 어찌하여 나의 영혼을 버리시며 어찌하여 주의 얼굴을 내게서 숨기시나이까

15 내가 어릴 적부터 고난을 당하여 죽게 되었사오며 주께서 두렵게 하실 때에 당황하
였나이다

16 주의 진노가 내게 넘치고 주의 두려움이 나를 끊었나이다

17 이런 일이 물 같이 종일 나를 에우며 함께 나를 둘러쌌나이다

18 주는 내게서 사랑하는 자와 친구를 멀리 떠나게 하시며 내가 아는 자를 흑암에 두셨
나이다

성실 誠實 Integrity | 시편 89:20~29

시편 89:1
내가 여호와의 인자하심을 영원히 노래하며
주의 성실하심을 내 입으로 대대에 알게 하리이다

전북 고창의 한 포도농장에 포도나무 한 그루에 3,500송이가 달리는 슈퍼 포도나무가 있어 화제가 되고 있다.

이런 성과에 빼놓을 수 없는 것이 농장 주인의 성실誠實함이다.

하나님은 죄罪와 멸망의 자리에서 나를 찾아내어 구원하시고 새 생명을 주신다. 시 89:20

하나님은 무능과 무기력에서 나를 건지시고 견고케 하사 힘이 있게 하신다. 시 89:21

하나님은 강탈자와 악한 자와 나를 미워하는 자들을 박멸하시고 그들 앞에서 나의 자리를 높이신다. 시 89:22~24

하나님은 나를 세상 왕들 앞에 지존자가 되게 하시며, 내 후대의 날까지 지키신다. 시 89:27~29

또한 나의 대적들을 높이고, 전쟁에서 나의 칼날을 둔하게 하시며 수치를 드러내게도 하신다. 시 89:42~45

이 모든 것이 하나님의 성실하심이다. 시 89:1~5

이 모든 성실하심의 원인原因은 그리스도 예수이시다.

여호와를 영원히 찬송할지어다. 아멘.

시 89:1~5, 20~29, 42~45

1 내가 여호와의 인자하심을 영원히 노래하며 주의 성실하심을 내 입으로 대대에 알게 하리이다

2 내가 말하기를 인자하심을 영원히 세우시며 주의 성실하심을 하늘에서 견고히 하시리라 하였나이다

3 주께서 이르시되 나는 내가 택한 자와 언약을 맺으며 내 종 다윗에게 맹세하기를

4 내가 네 자손을 영원히 견고히 하며 네 왕위를 대대에 세우리라 하셨나이다 (셀라)

5 여호와여 주의 기이한 일을 하늘이 찬양할 것이요 주의 성실도 거룩한 자들의 모임 가운데에서 찬양하리이다

20 내가 내 종 다윗을 찾아내어 나의 거룩한 기름을 그에게 부었도다

21 내 손이 그와 함께 하여 견고하게 하고 내 팔이 그를 힘이 있게 하리로다

22 원수가 그에게서 강탈하지 못하며 악한 자가 그를 곤고하게 못하리로다

23 내가 그의 앞에서 그 대적들을 박멸하며 그를 미워하는 자들을 치려니와

24 나의 성실함과 인자함이 그와 함께 하리니 내 이름으로 말미암아 그의 뿔이 높아지리로다

25 내가 또 그의 손을 바다 위에 놓으며 오른손을 강들 위에 놓으리니

26 그가 내게 부르기를 주는 나의 아버지시요 나의 하나님이시요 나의 구원의 바위시라 하리로다

27 내가 또 그를 장자로 삼고 세상 왕들에게 지존자가 되게 하며

28 그를 위하여 나의 인자함을 영원히 지키고 그와 맺은 나의 언약을 굳게 세우며

29 또 그의 후손을 영구하게 하여 그의 왕위를 하늘의 날과 같게 하리로다

42 주께서 그의 대적들의 오른손을 높이시고 그들의 모든 원수들은 기쁘게 하셨으나

43 그의 칼날은 둔하게 하사 그가 전장에서 더 이상 버티지 못하게 하셨으며

44 그의 영광을 그치게 하시고 그의 왕위를 땅에 엎으셨으며

45 그의 젊은 날들을 짧게 하시고 그를 수치로 덮으셨나이다 (셀라)

One day it came to me 시편 90:13~17

시편 90:14
아침에 주의 인자하심이 우리를 만족하게 하사 우리를 일생 동안 즐겁고 기쁘게 하소서

세상이 주는 기쁨이 천년이라도 주님 앞에서는 밤의 한 순간 같을 뿐이다.

시 90:3~4

인생이 수고하여 얻는 평생이라도 주님 앞에서는 순식간에 지나간다.

시 90:9

인생에서 장수長壽함의 자랑은 수고와 슬픔뿐이며 신속히 날아간다.

시 90:10

One day it came to me(어느 날 나는 알았다).

주님의 인자仁慈하심만이 인생을 만족滿足케 하며 일생 동안 기쁨을
준다는 것. 시 90:14~15

아침에 바라는 주의 인자하심이 곧 그리스도 예수이시다.

주여! 복음 누리는 시간, 영적 세계가 움직이는 영적 힘 얻는 시간, 현장과
시대를 치유할 치유 서밋을 준비하는 시간으로 만족滿足케 하소서.

시 90:3~4, 9~10, 13~17

3 주께서 사람을 티끌로 돌아가게 하시고 말씀하시기를 너희 인생들은 돌아가라 하셨 사오니

4 주의 목전에는 천 년이 지나간 어제 같으며 밤의 한 순간 같을 뿐임이니이다

9 우리의 모든 날이 주의 분노 중에 지나가며 우리의 평생이 순식간에 다하였나이다

10 우리의 연수가 칠십이요 강건하면 팔십이라도 그 연수의 자랑은 수고와 슬픔뿐이요 신속히 가니 우리가 날아가나이다

13 여호와여 돌아오소서 언제까지니이까 주의 종들을 불쌍히 여기소서

14 아침에 주의 인자하심이 우리를 만족하게 하사 우리를 일생 동안 즐겁고 기쁘게 하소서

15 우리를 괴롭게 하신 날수대로와 우리가 화를 당한 연수대로 우리를 기쁘게 하소서

16 주께서 행하신 일을 주의 종들에게 나타내시며 주의 영광을 그들의 자손에게 나타 내소서

17 주 우리 하나님의 은총을 우리에게 내리게 하사 우리의 손이 행한 일을 우리에게 견고 하게 하소서 우리의 손이 행한 일을 견고하게 하소서

내 안에 거하라
나도 너희안에 거하리라

요 15:4

Chapter 6

우편번호 03048,
서울특별시 청와대로 1번지

거주지 居住地 | 시편 91:1~3

> 시편 91:1
> 지존자의 은밀한 곳에 거주하며 전능자의 그늘 아래에 사는 자여

우편번호 03048, 서울특별시 청와대로 1번지.

박정희(1963~1979), 노무현(2003~2008), 이명박(2008~2013), 박근혜
(2013~2017) 등 전직 대통령들의 거주지居住地였다.

대한민국에서는 가장 안전하고 은밀한 곳이다.

그들이 이곳을 거주지로 삼고 사는 날 동안 얻은 결과는 이렇다.

신복臣僕에 의한 살해殺害, 극단적 선택, 국정농단 사건으로 인한 33년
징역형, 횡령과 뇌물수수 혐의로 구속 수감. 그 외에도 사형선고(대통령
특별 사면), 자녀 구속 등등.

나의 거주지는 지존자의 은밀한, 전능자의 그늘이다. 시 91:1
이 주소를 거주지로 삼는 자의 결과이다.
사냥꾼의 올무와 심한 전염병에서 건지신다. 시 91:3

거주지 居住地
거주居住와 주소를 아울러 이르는 말

밤의 공포와 낮에 날아드는 화살도 두렵지 않다. 시 91:5~6

천명, 만명이 좌우에서 넘어져도 그 화禍와 재앙이 내 장막에 가까이 오지 못한다. 시 91:7

수도 경비대와 비교할 수 없는 주의 천군과 천사들이 모든 길을 지키며 보호한다. 시 91:11~13

나의 거주지, 지존자의 은밀한 곳, 전능자의 그늘이 곧 그리스도 예수이다.

우편번호 03048, 서울특별시 청와대로 1번지

시 91:1~3, 5~7, 11~13

1 지존자의 은밀한 곳에 거주하며 전능자의 그늘 아래에 사는 자여.
2 나는 여호와를 향하여 말하기를 그는 나의 피난처요 나의 요새요 내가 의뢰하는 하나님이라 하리니
3 이는 그가 너를 새 사냥꾼의 올무에서와 심한 전염병에서 건지실 것임이로다
5 너는 밤에 찾아오는 공포와 낮에 날아드는 화살과
6 어두울 때 퍼지는 전염병과 밝을 때 닥쳐오는 재앙을 두려워하지 아니하리로다
7 천 명이 네 왼쪽에서, 만 명이 네 오른쪽에서 엎드러지나 이 재앙이 네게 가까이하지 못하리로다
11 그가 너를 위하여 그의 천사들을 명령하사 네 모든 길에서 너를 지키게 하심이라
12 그들이 그들의 손으로 너를 붙들어 발이 돌에 부딪히지 아니하게 하리로다
13 네가 사자와 독사를 밟으며 젊은 사자와 뱀을 발로 누르리로다

강남불패 시편 92:1~3

시편 92:12
의인은 종려나무 같이 번성하며 레바논의 백향목 같이 성장하리로다

지인知人의 말을 빌리자면 "자고 일어나면 집값이 오르고 자고 일어나면 부동산 업자로부터 매매 의뢰 요청이 온다"고 한다.

아마도 그 사람들의 기도는 아침에 눈을 뜨면 부동산 값이 올라있고 매수자들의 수효가 늘어나있기를 바라는 것일 것이다. 그러나 그들의 기도에 보장된 응답의 결과는 멸망과 패망이다. 시 92:7, 9

나의 기도는 아침마다 주의 인자仁慈하심을 만나며, 밤마다 주의 성실誠實하심을 체험하는 것이다. 시편 92:1~3

그 기도의 응답과 끝은 주 안에서의 번성蕃盛과 성장成長이다. 시 92:10~12

아침마다 주의 인자仁慈를 구하고 밤마다 주의 성실誠實을 체험하는 자의 인생이 불패인생不敗人生이다.

주의 인자와 주의 성실하심이 그리스도이시다.

강남불패
강남에 부동산 투자를 하면 실패하지 않는다는 뜻에서 만들어진 말

우편번호 03048, 서울특별시 청와대로 1번지

시 92:1~3, 7~12

1 지존자여 십현금과 비파와 수금으로 여호와께 감사하며

2 주의 이름을 찬양하고 아침마다 주의 인자하심을 알리며

3 밤마다 주의 성실하심을 베풂이 좋으니이다

7 악인들은 풀 같이 자라고 악을 행하는 자들은 다 흥왕할지라도 영원히 멸망하리이다

8 여호와여 주는 영원토록 지존하시니이다

9 여호와여 주의 원수들은 패망하리이다 정녕 주의 원수들은 패망하리니 죄악을 행하는 자들은 다 흩어지리이다

10 그러나 주께서 내 뿔을 들소의 뿔 같이 높이셨으며 내게 신선한 기름을 부으셨나이다

11 내 원수들이 보응 받는 것을 내 눈으로 보며 일어나 나를 치는 행악자들이 보응 받는 것을 내 귀로 들었도다

12 의인은 종려나무 같이 번성하며 레바논의 백향목 같이 성장하리로다

The best dress 시편 93:1~5

시편 93:1
여호와께서 다스리시니 스스로 권위를 입으셨도다 여호와께서 능력의 옷을 입으시며
띠를 띠셨으므로 세계도 견고히 서서 흔들리지 아니하는도다

의복은 예로부터 색깔과 무늬에 따라서 부富와 권위와 신분을 상징적으로
표현했다. 1950~1960년대까지 할리우드 아이콘이자 미의 화신으로
불렸던 엘리자베스 테일러 Elizabeth taylor. 그녀는 18세에 콘래드 힐튼 주니어
Conrad Hilton Junior와 첫 번째 결혼식을 올렸다. 그때 그녀가 입었던 드레스
는 당대 최고의 의상 디자이너 헬렌 로즈 Helen Rose가 만든 것으로 훗날
1억 7400만 원에 경매되어 팔렸다.

그녀의 미모와 그녀가 입었던 드레스의 아름다움만큼 결혼생활도 아름
다웠으면 좋았으련만 결혼 9개월 만에 이혼을 하게 된다.

누가복음(16:19~31)에 부富를 상징하는 자색 옷과 고운 베옷을 입고
날마다 유흥遊興과 잔치를 낙으로 삼고 살아온 부자의 내세에 대한 이야기가
나온다.

그는 입은 옷과 먹는 음식으로 그의 인생 문제를 해결하지 못했다.

부와 권위權威를 상징하는 노란색과 야망을 상징하는 붉은색 비단으로
만든 곤룡포袞龍袍를 입고 온 백성의 주인으로 살았던 임금들도 암투暗鬪와
피의 싸움으로 얻은 곤룡포가 그 자리를 지켜주지 못했다.

그들이 몰랐던 최고의 옷이 있다. 그들이 해결하지 못한 인생 문제를 해결
하고 싸우지 않고도 이기게 하는 옷이 있다.

그 옷은 권위의 옷이요, 능력의 옷이다. 시 93:1~2

많은 물과 바다의 파도에도 젖지 않는 옷이다. 시 93:3~4

그 최고의 옷이 그리스도 예수이다.

"밤이 깊고 낮이 가까우니 그러므로 우리가 어두움의 옷을 벗고 빛의 갑옷을 입자." 롬 13:12

"오직 주 예수 그리스도로 옷 입고 정욕을 위하여 육신의 일을 도모하지 말라." 롬 13:14

우편번호 03048, 서울특별시 청와대로 1번지

시 93:1~5

1 여호와께서 다스리시니 스스로 권위를 입으셨도다 여호와께서 능력의 옷을 입으시며 띠를 띠셨으므로 세계도 견고히 서서 흔들리지 아니하는도다
2 주의 보좌는 예로부터 견고히 섰으며 주는 영원부터 계셨나이다
3 여호와여 큰 물이 소리를 높였고 큰 물이 그 소리를 높였으니 큰 물이 그 물결을 높이나이다
4 높이 계신 여호와의 능력은 많은 물 소리와 바다의 큰 파도보다 크니이다
5 여호와여 주의 증거들이 매우 확실하고 거룩함이 주의 집에 합당하니 여호와는 영원 무궁하시리이다

롬 13:12, 14

12 밤이 깊고 낮이 가까웠으니 그러므로 우리가 어둠의 일을 벗고 빛의 갑옷을 입자
14 오직 주 예수 그리스도로 옷 입고 정욕을 위하여 육신의 일을 도모하지 말라

완전한 복수 復讐 | 시편 94:1

시편 94:1
여호와여 복수하시는 하나님이여 복수하시는 하나님이여 빛을 비추어 주소서

나는 하나님의 피쟁이다

1939년에 시작된 제2차 세계대전은 인류 역사에서 가장 큰 인명과 재산 피해를 낳은 전쟁이다. 5천5천만 명 이상의 목숨을 잃게 하였고, 유태인 6백만 명이 학살을 당했다.

전쟁의 원흉元兇인 히틀러Hitler는 자살로 그 대가를 치렀고, 전쟁이 끝난 후 이스라엘은 '나치 협력자 처벌법'을 제정하여, 아돌프 아이히만 Adolf Eichmann을 유태인 백만 명의 학살을 지휘한 주범으로 지목해 끝까지 추적하여 처형했다.

그러나 이러한 복수에도 불구하고 희생된 유태인들의 후손들은 그때의 아픔과 상처를 안고 살아가고 있다.

하나님의 복수復讐 방법은 영원하고 완전하시다.

나에게 무지無知를 가져다준 세상에 대하여 하나님은 그리스도를 최고의 지식 삼게 하심으로 복수하셨다.

여러 가지 실수로 나를 넘어지게 하는 세상에 대하여 하나님은 나에게 오직 그리스도만 하나님의 의義가 되심을 붙잡게 하심으로 복수하셨다.

시 94:18~19

수 많은 문제와 고통을 가져다주는 세상에 대하여 하나님은 죄인 된 내가 하나님의 은혜로 의인이 된 사실을 붙잡게 하심으로 복수하셨다.

시 94:12~13

하나님은 지금도 완전完全하고 영원永遠한 방법方法으로 복수復讐하신다.

우편번호 03048. 서울특별시 청와대로 1번지

시 94:1, 12~13, 18~19
1 여호와여 복수하시는 하나님이여 복수하시는 하나님이여 빛을 비추어 주소서
12 여호와여 주로부터 징벌을 받으며 주의 법으로 교훈하심을 받는 자가 복이 있나니
13 이런 사람에게는 환난의 날을 피하게 하사 악인을 위하여 구덩이를 팔 때까지 평안을 주시리이다
18 여호와여 나의 발이 미끄러진다고 말할 때에 주의 인자하심이 나를 붙드셨사오며
19 내 속에 근심이 많을 때에 주의 위안이 내 영혼을 즐겁게 하시나이다

큰손 Big hand | 시편 95:4~7

시편 95:4
땅의 깊은 곳이 그의 손안에 있으며 산들의 높은 곳도 그의 것이로다

'큰손'으로 이름을 대신했던 장영자 씨(1982년 6천4백억대 어음 사기 사건으로 징역 15년형, 1984년 140억 차용 사기 사건으로 4년형, 2000년 2백억 원 구권舊券화폐 사기 사건으로 징역 10년형)의 손을 믿고 바라보던 얼마나 많은 사람들이 울고 웃고 절망했을까?

그 손은 큰 손이 아니라 문제를 가져다주는 손이다.

거짓과 불신과 무능의 손이다.

참된 큰 손, 능력의 손이 있다.

땅의 깊은 곳과 산들의 높은 곳이 그의 손 안에 있다. 시 95:4

바다도 육지도 그의 손 안에 있다. 시 95:5

그의 손은 만백성을 기르시며 돌보시는 큰 손이다. 시 95:7

그 손은 우리 주님의 손, 그리스도이시다.

시 95:4~7

4 땅의 깊은 곳이 그의 손안에 있으며 산들의 높은 곳도 그의 것이로다

5 바다도 그의 것이라 그가 만드셨고 육지도 그의 손이 지으셨도다

6 오라 우리가 굽혀 경배하며 우리를 지으신 여호와 앞에 무릎을 꿇자

7 그는 우리의 하나님이시요 우리는 그가 기르시는 백성이며 그의 손이 돌보시는 양이기 때문이라 너희가 오늘 그의 음성을 듣거든

우편번호 03048, 서울특별시 청와대로 1번지

의병가 義兵歌 | 시편 96:1~2

> 시편 96:1
> 새 노래로 여호와께 노래하라 온 땅이여 여호와께 노래할지어다

2018년 8월 15일을 기준으로 정부로부터 포상을 받은 여성 독립운동 가는 325명이다.

그 중, 국내 최초의 여성 의병장 출신 윤희순 열사에 대한 이야기이다.

그녀의 시아버지와 남편, 그리고 시동생까지 모두 의병義兵 활동을 하러 밖으로 나갔다.

그녀는 '무엇을 할까' 생각 끝에 노랫말을 지어 동네 아이들에게 부르도 록 했다.

바로 '안사람 의병가義兵歌'이다.

'우리나라 의병들은 나라 찾기 힘쓰는데, 우리들은 무엇할까 의병들을 도와주세'. 이렇게 시작되는 노랫말이다.

노랫말의 힘은 강했다. 동네 사람들이 노래를 따라 부르기를 시작하면서 일본에 대한 분노를 키우게 되었고, 많은 사람들이 의병義兵에 참여하는 계기가 된다.

사탄이 모든 현장(살인, 자살, 중독, 전쟁과 분쟁)을 장악하고 있다.

이때 우리가 부를 의병가義兵歌는 새 노래, 예수가 그리스도이다. 시 96:1

시 96:1~2

1 새 노래로 여호와께 노래하라 온 땅이여 여호와께 노래할지어다
2 여호와께 노래하여 그의 이름을 송축하며 그의 구원을 날마다 전파할지어다

우편번호 03048, 서울특별시 청와대로 1번지

Because of Lord 시편 97:10~12

> 시편 97:12
> 의인이여 너희는 여호와로 말미암아 기뻐하며 그의 거룩한 이름에 감사할지어다

2018 러시아 월드컵 조별 리그_{league}전에서 대한민국 대표팀이 FIFA 랭킹 1위 독일 대표팀과의 경기에서 2:0으로 승리하는 이변異變이 일어났다. 이날 독일팀 감독과 선수들은 인터뷰_{interview}에서 '괴롭고 처참하다'는 심경을 털어놨다.

반대로 대한민국 대표팀은 아깝게도 16강 진출은 무산霧散되었지만, FIFA 랭킹 1위 독일팀에게 무실점 승리를 쟁취했다는 이유로 더없는 기쁨의 잔치를 벌였다.

누구에게나 기쁨과 감사感謝함이 있다.

기쁨과 감사함은 어떠한 만족滿足을 얻을 때 일어나는 생각과 감정感情이다. 사람들은 이 감정을 추구하며 오래 지속되기를 원한다.

대부분의 기쁨과 감사는 내게 주어진 것으로 말미암아 나온다.

결국 비교의식에서 나오는 기쁨과 감사이다(나와 다른 사람의 슬픔과 불행이 나에게는 기쁨과 감사가 된다는 논리이다).

나의 기쁨과 감사는 나의 대적들이 어려움을 겪고, 땅들이 떨고, 온 땅이 밀랍같이 녹음으로 말미암아 얻은 기쁨과 감사가 아니다. 시 97:4~5

여호와로 인해 얻은 기쁨이며 감사이다. 시 97:11~12

여호와 하나님의 절대 주권이 내 삶으로 들어온 것이다.

여호와 하나님의 역사가 내 삶을 통해 나타나는 것이다.

'History' 내 인생이 그분의 이야기가 되는 것이다.

Because of Jesus Christ!

우편번호 03048, 서울특별시 청와대로 1번지

시 97:4~5
4 그의 번개가 세계를 비추니 땅이 보고 떨었도다

5 산들이 여호와의 앞 곧 온 땅의 주 앞에서 밀랍 같이 녹았도다

시 97:10~12
10 여호와를 사랑하는 너희여 악을 미워하라 그가 그의 성도의 영혼을 보전하사 악인의 손에서 건지시느니라

11 의인을 위하여 빛을 뿌리고 마음이 정직한 자를 위하여 기쁨을 뿌리시는도다

12 의인이여 너희는 여호와로 말미암아 기뻐하며 그의 거룩한 이름에 감사할지어다

7080세대 시편 98:1~3

> 시편 96:1
> 새 노래로 여호와께 찬송하라 그는 기이한 일을 행하사
> 그의 오른손과 거룩한 팔로 자기를 위하여 구원을 베푸셨음이로다

1970~1980년, 군사독재정치의 암울한 상황이 불러온 시위와 최루탄, 휴교 조치 속에서 DJdisc jockey가 있는 음악다방에서 팝송과 포크송을 들으며 통기타와 맥주의 낭만 속으로 도피하여 20대를 보낸 세대 generation를 7080세대라고 부른다.

당시 7080세대가 불렀던 노래의 가사와 멜로디는 시대의 상황과 상처, 아픔과 억누름을 표현했다.

정권을 잡은 자들은 그것이 자신들의 정치 행각行脚에 대한 비난과 대중 大衆을 선동하는 노래라고 단정斷定하여 상당수의 노래(아침이슬, 친구여 등)들을 금지곡으로 지정했고, 그 노래를 배급하는 자들에게 구속 조치 까지 내렸다.

7080세대의 애창곡들은 시대의 아픔과 분노와 상처, 투쟁鬪爭을 낭만 romance으로 포장한 도피성이었다.

우리의 노래는 시대와 상황에 대한 갈구함이 아니다.
우리의 노래는 여호와의 구원하심이다. 시 98:1~3
우리의 노래는 상처와 아픔을 달래는 것이 아니다.
내 영혼의 즐거움을 노래하는 것이다. 시 98:4~8
우리의 노래는 투쟁과 선동煽動의 노래가 아니다.

여호와의 의와 그의 공평을 노래하는 것이다. 시 98:9

구원과 영혼의 즐거움, 그의 의와 공평하심이 그리스도이시다.

우편번호 03048. 서울특별시 청와대로 1번지

시 98:1～9

1 새 노래로 여호와께 찬송하라 그는 기이한 일을 행하사 그의 오른손과 거룩한 팔로 자기를 위하여 구원을 베푸셨음이로다

2 여호와께서 그의 구원을 알게 하시며 그의 공의를 뭇 나라의 목전에서 명백히 나타 내셨도다

3 그가 이스라엘의 집에 베푸신 인자와 성실을 기억하셨으므로 땅 끝까지 이르는 모든 것이 우리 하나님의 구원을 보았도다

4 온 땅이여 여호와께 즐거이 소리칠지어다 소리 내어 즐겁게 노래하며 찬송할지어다

5 수금으로 여호와를 노래하라 수금과 음성으로 노래할지어다

6 나팔과 호각 소리로 왕이신 여호와 앞에 즐겁게 소리칠지어다

7 바다와 거기 충만한 것과 세계와 그 중에 거주하는 자는 다 외칠지어다

8 여호와 앞에서 큰 물은 박수할지어다 산악이 함께 즐겁게 노래할지어다

9 그가 땅을 심판하러 임하실 것임이로다 그가 의로 세계를 판단하시며 공평으로 그의 백성을 심판하시리로다

그 거룩함 The heavenliness | 시편 99:8~9

대부분의 종교와 사상은 고통이 인간의 문제라고 한다.

하나님의 말씀인 성경은 원래 인간은 하나님을 떠나 거룩함(하나님)에

이룰 수 없는 죄인이라 한다.

인간의 행위로는 거룩함에 이룰 수 없다.

거룩함에 이르기 위해서는 대가代價를 치러야 한다.

하나님께서 인간이 거룩함에 이르는 대가를 치르셨다. 시 99:8

그 대가가 그리스도이다.

우리의 행위를 따라 갚으심이 그리스도이다.

그 용서가 그리스도이다.

그 거룩함을 찬양하라.

그 거룩함을 경배하라.

그 거룩함에 예배하라~ 시 99:3, 5, 9

시 99:3, 5, 8~9

3 주의 크고 두려운 이름을 찬송할지니 그는 거룩하심이로다

5 너희는 여호와 우리 하나님을 높여 그의 발등상 앞에서 경배할지어다 그는 거룩
하시도다

8 여호와 우리 하나님이여 주께서는 그들에게 응답하셨고 그들의 행한 대로 갚기는
하셨으나 그들을 용서하신 하나님이시니이다

9 너희는 여호와 우리 하나님을 높이고 그 성산에서 예배할지어다 여호와 우리 하나님은
거룩하심이로다

우편번호 030△8 서울특별시 청와대로 번지

영혼의 쉼과 평안함의 장소 시편 100:4~5

> 시편 100:4
> 감사함으로 그의 문에 들어가며 찬송함으로 그의 궁정에 들어가서
> 그에게 감사하며 그의 이름을 송축할지어다

커피 프랜차이즈 '스타벅스STARBUCKS'를 전 세계 1위 기업으로 일으킨
주역 하워드 슐츠는 1953년 미국 빈민가에서 태어났다.

미식축구 장학금으로 대학에 들어갔으나 운동으로 성공할 수 없다고
판단하여 제록스사의 영업사원으로 입사한다. 3년 후 가정용품을 생산
하는 회사로 이직하여 부사장의 자리에까지 오른다.

1982년, 그는 고급 커피 원두와 장비를 판매하는 스타벅스의 매력에 빠져
임원진들을 1년간 설득한 끝에 마케팅 담당자로 들어간다.

1983년 이탈리아 밀라노를 방문한 그는 커피를 즐기며 이야기를 나누고
그 공간에서 여유롭게 쉬는 사람들을 보게 된다. 이탈리아의 커피 문화에
깊은 영감을 얻은 그는 미국으로 돌아와 운영진을 설득하였지만 그들은
커피 판매의 필요성을 느끼지 못하였다.

결국 슐츠는 1985년 스타벅스를 떠나 '일 지오나레'라는 커피 프랜차
이즈를 오픈한다. 슐츠의 예상대로 이탈리아식 커피 문화는 큰 성공을
거두게 된다. 그때 스타벅스의 창업자는 자신들의 원래 목표인 품질 좋은
커피 원두 판매를 위해 스타벅스를 처분하기로 결정한다. 이것을 슐츠가
인수, 경영하여 오늘날 거대한 기업 스타벅스가 탄생된 것이다.

스타벅스는 단지 커피를 팔아서 성공한 것이 아니다.

커피를 마시며 감성과 영혼이 쉴 수 있는 제3의 장소를 제공한 것이다.

하나님의 자녀인 나에게는 이탈리아 밀라노의 커피 문화와 비교할 수
없는 영혼의 쉼과 평안함의 장소가 있다.
그곳은 우리 주님의 궁정이다. 시 100:4
그 궁정에는 영원한 인자仁慈하심과 대대에 이르는 성실誠實하심이 있다.
시 100:5
그 궁정에서 나는 지금 가장 평안한 여유를 즐기고 있다.
그 궁정이 곧 우리 주 예수 그리스도이시다.

우편번호 03048, 서울특별시 청와대로 1번지

시 100:4~5

4 감사함으로 그의 문에 들어가며 찬송함으로 그의 궁정에 들어가서 그에게 감사하며
　그의 이름을 송축할지어다
5 여호와는 선하시니 그의 인자하심이 영원하고 그의 성실하심이 대대에 이르리로다

국선변호인(國選辯護人)

나는 하나님의 ꙽쟁이다

Holy Meditation Time 시편 62:5~7

초판 1쇄 발행 2019년 11월 1일

지은이 김치훈
펴낸이 김용기

펴낸곳 도서출판 생명
출판등록 109-91-23967
주소 (07587) 서울시 강서구 공항대로 41길 34, 2층 202호
전화 02-3662-3881 팩스 02-3662-7149

ISBN 978-89-91848-67-2 *03230
홈페이지 www.wedarak.com
인스타그램 @wedarak

인쇄 (주)금강인쇄
주소 경기도 파주시 직지길 356(파주출판단지)

국선변호인(國選辯護人)

나는 하나님의 괴짱이다

Holy Meditation Time

시편 62:5~7